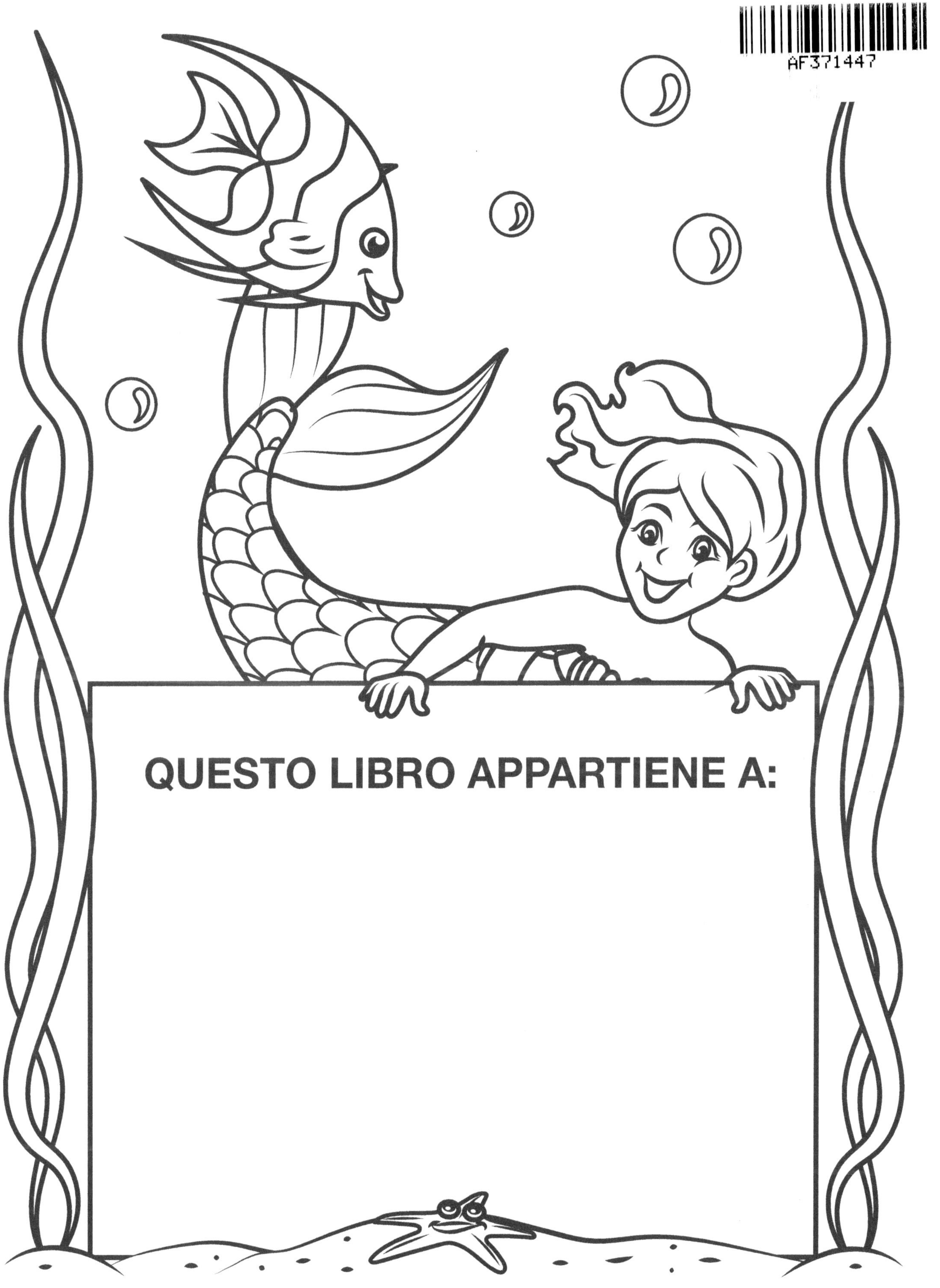
QUESTO LIBRO APPARTIENE A:

# Golden Age Press

## VISITATE IL NOSTRO SITO:
## WWW.GOLDENAGEPRESS.COM

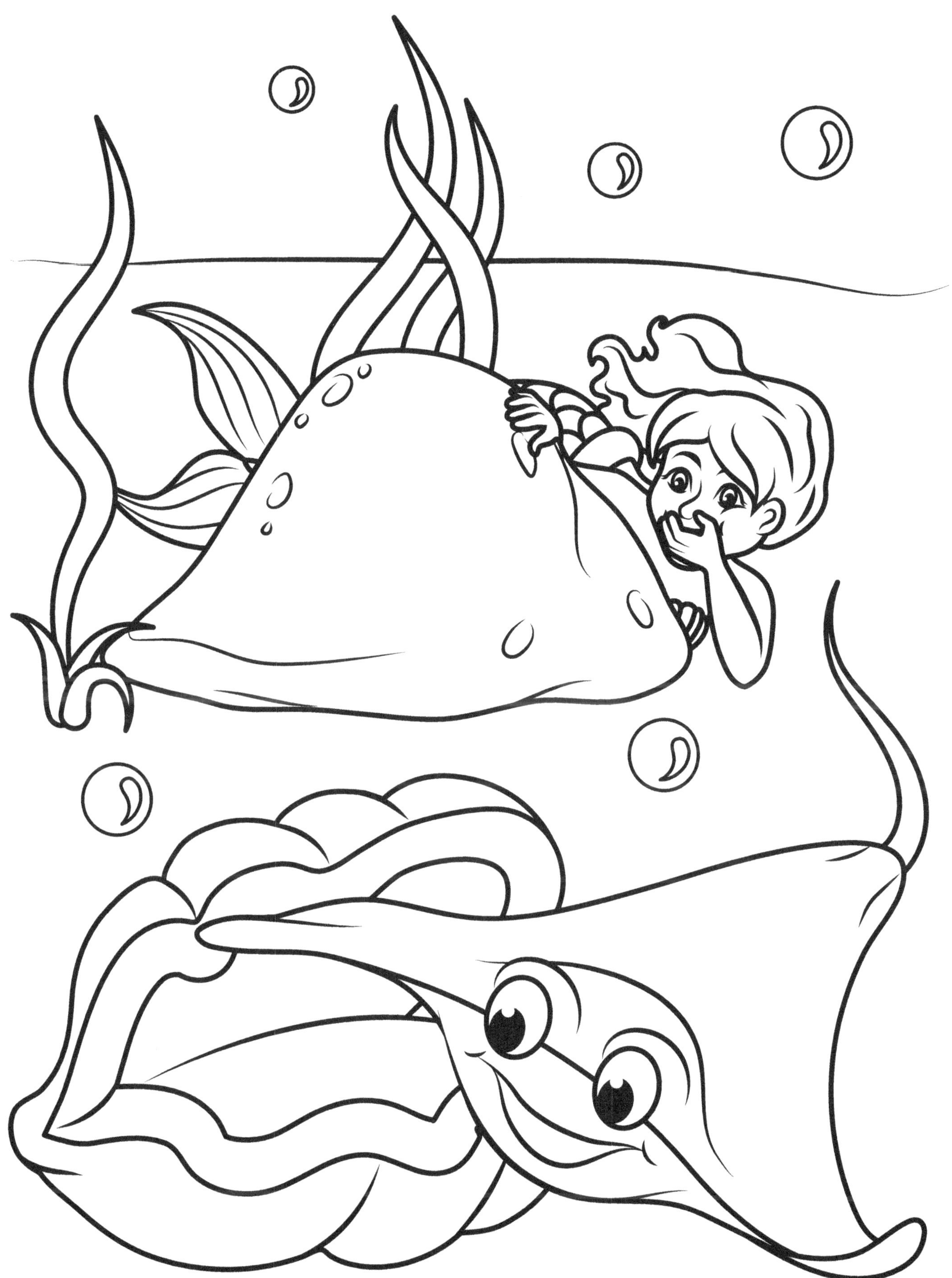

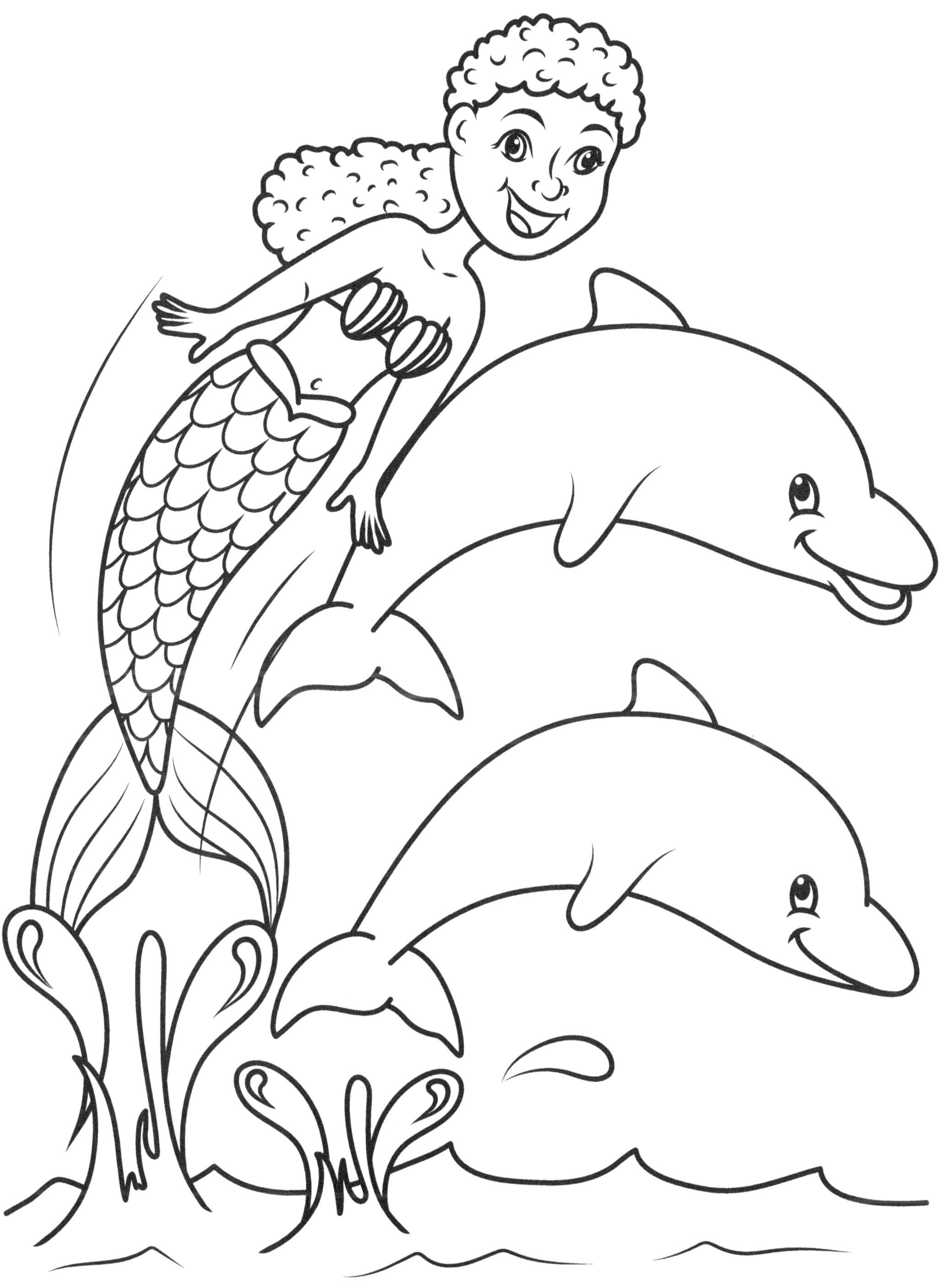

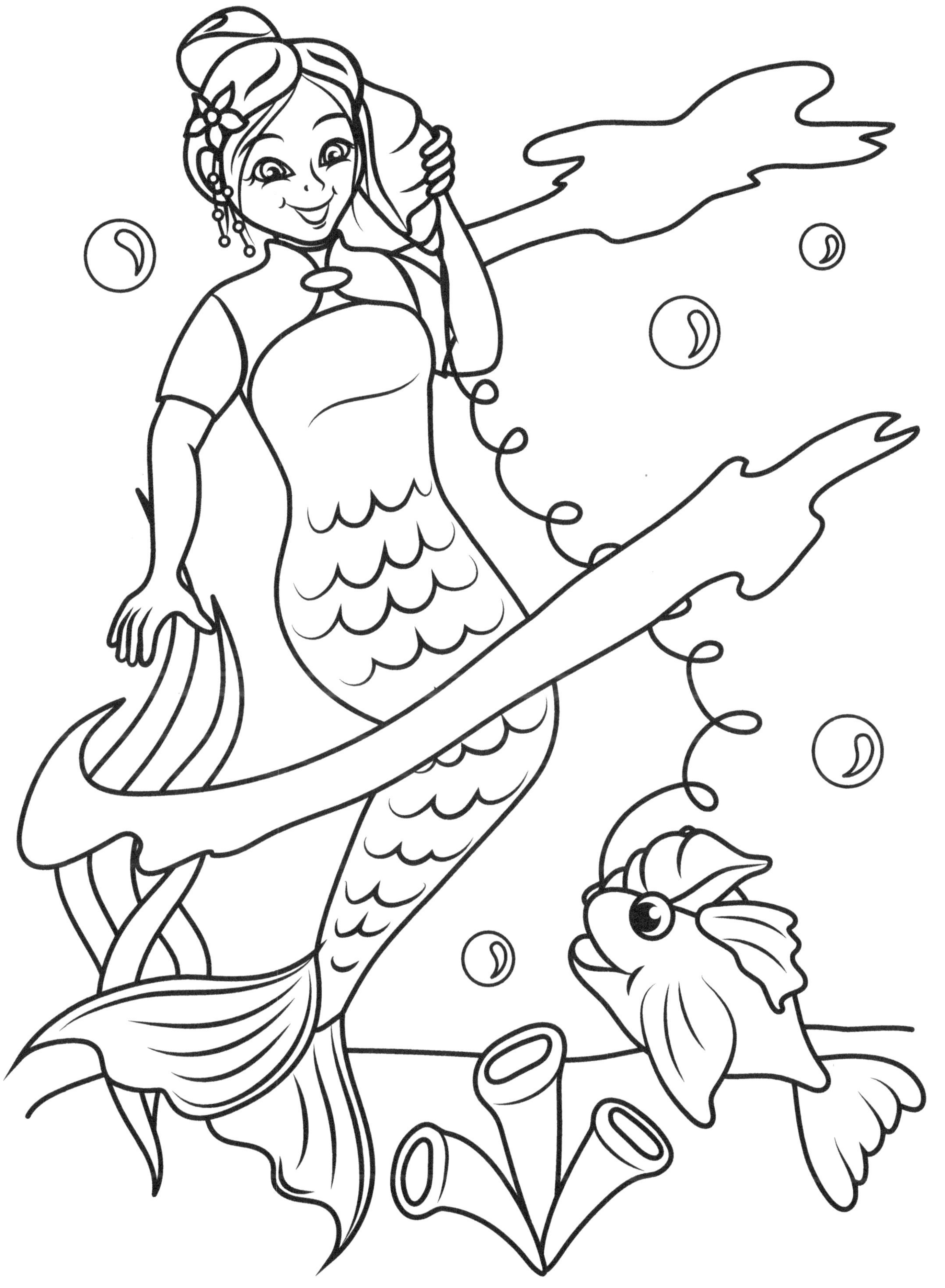

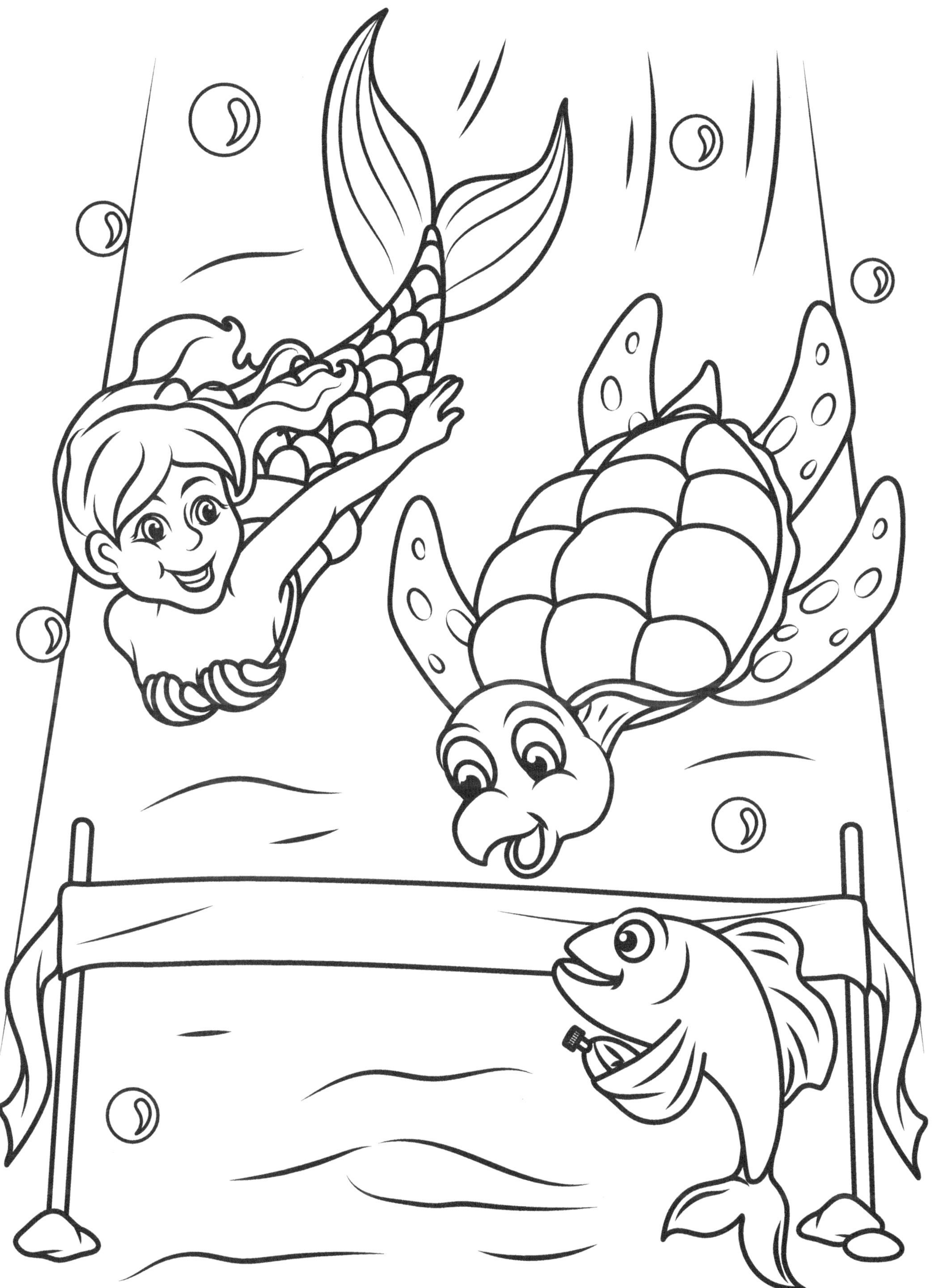

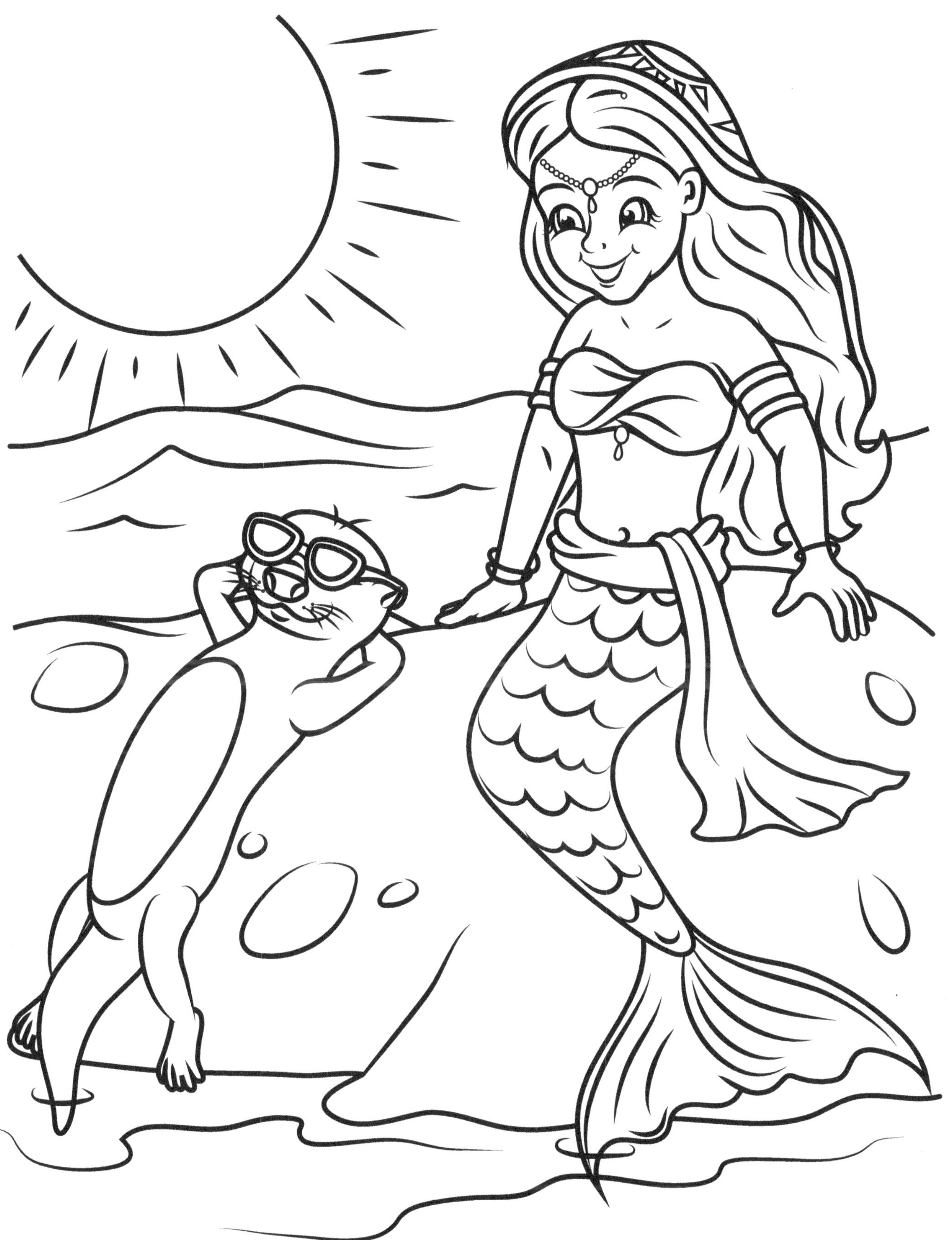

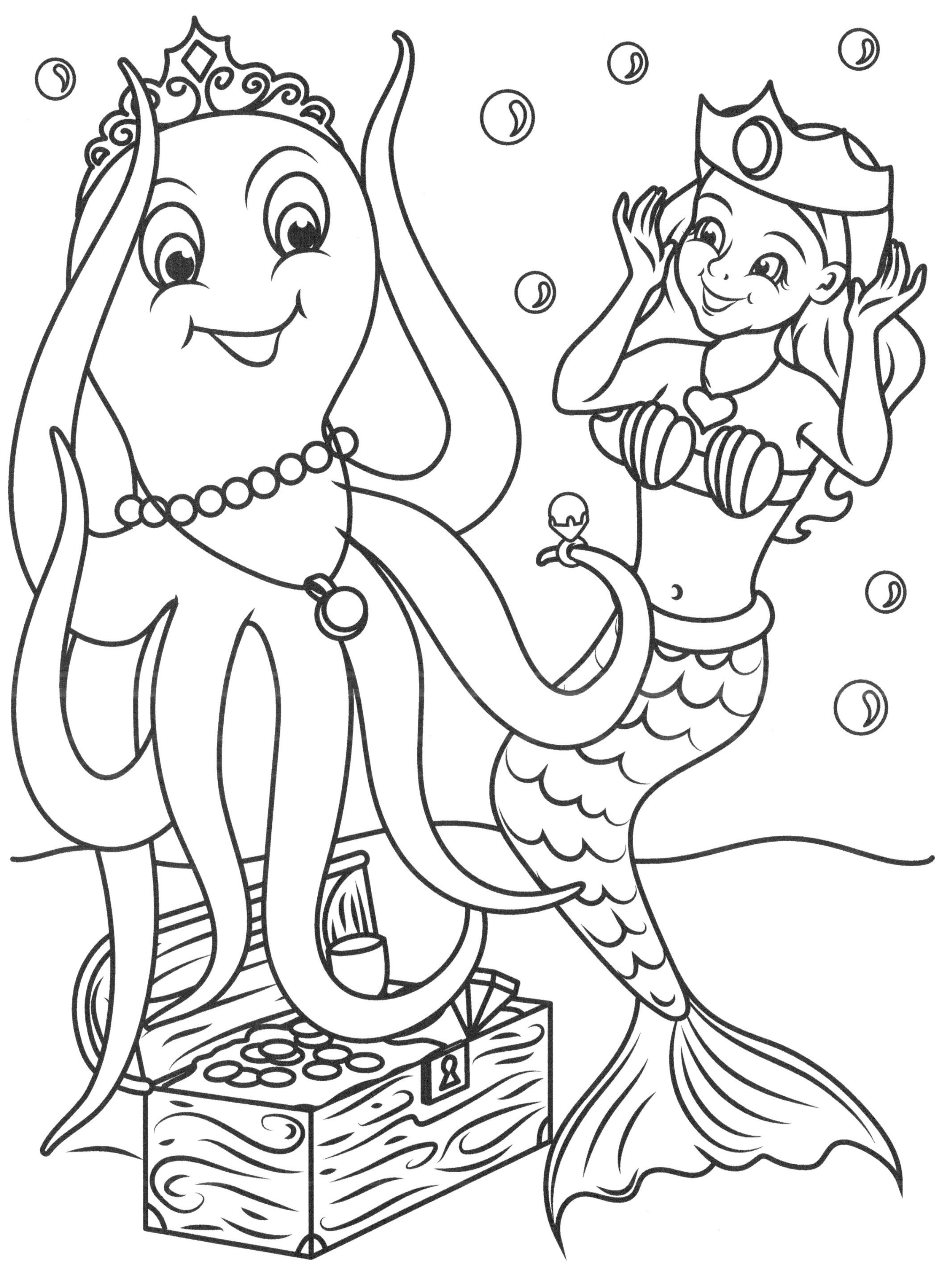

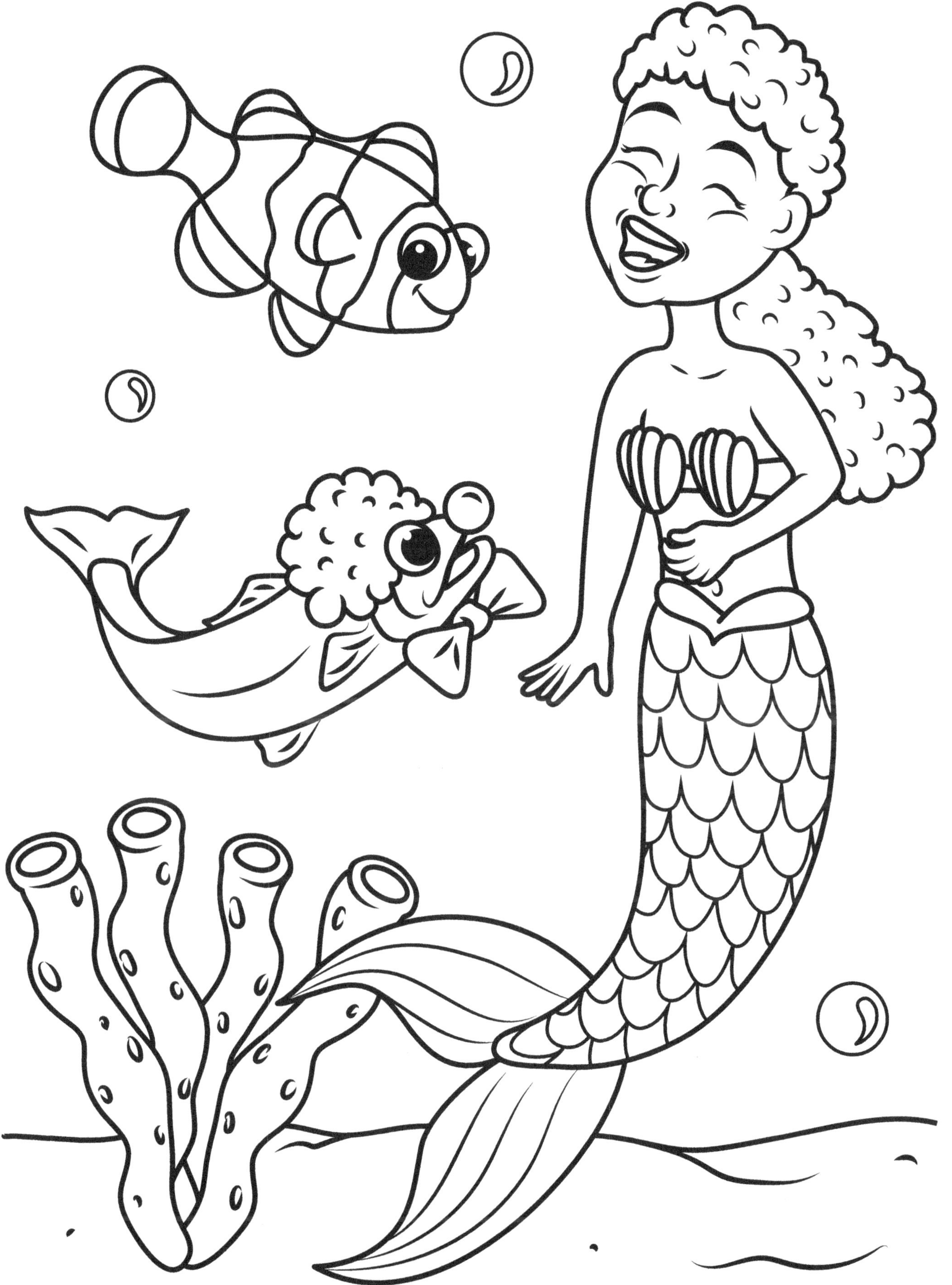

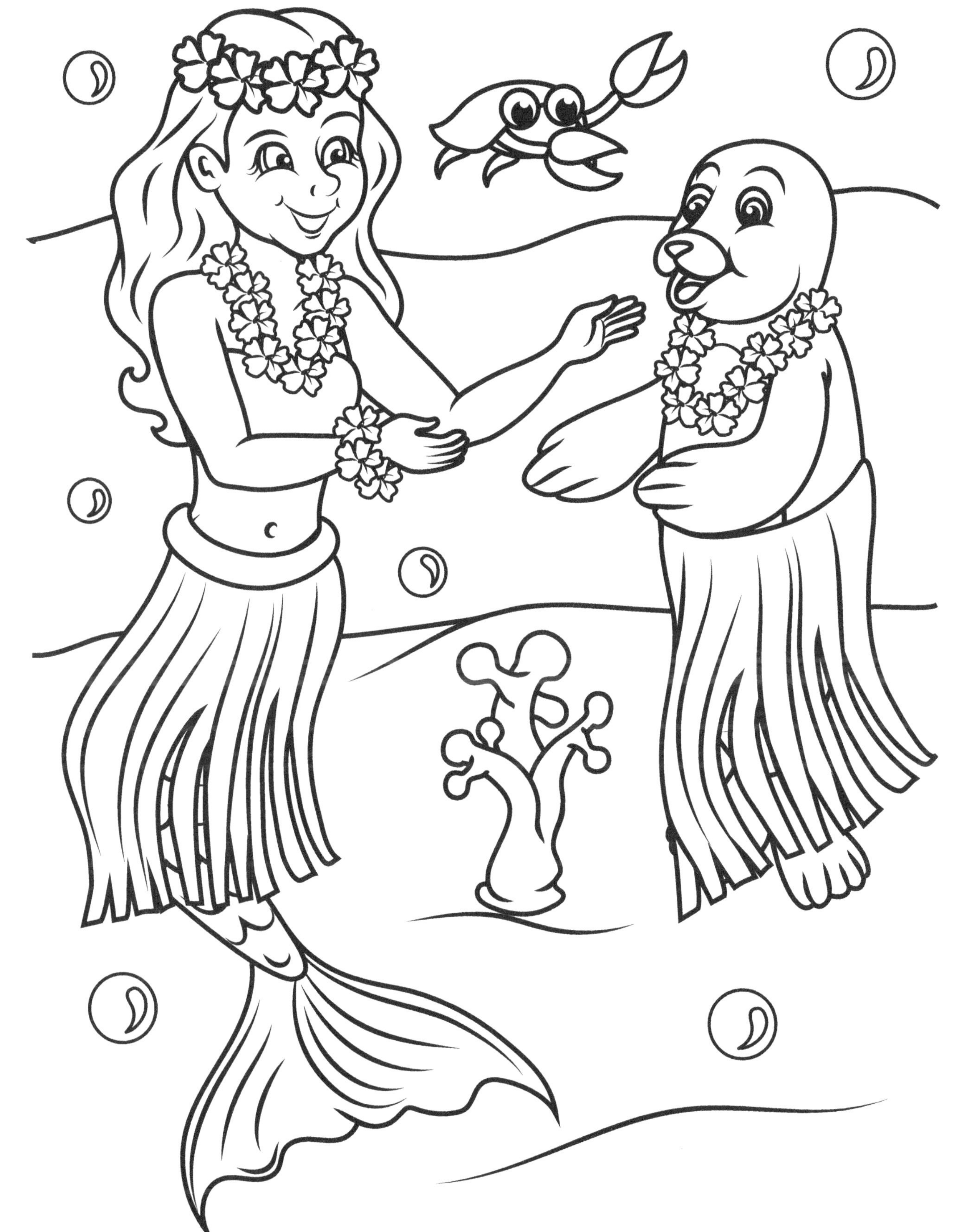

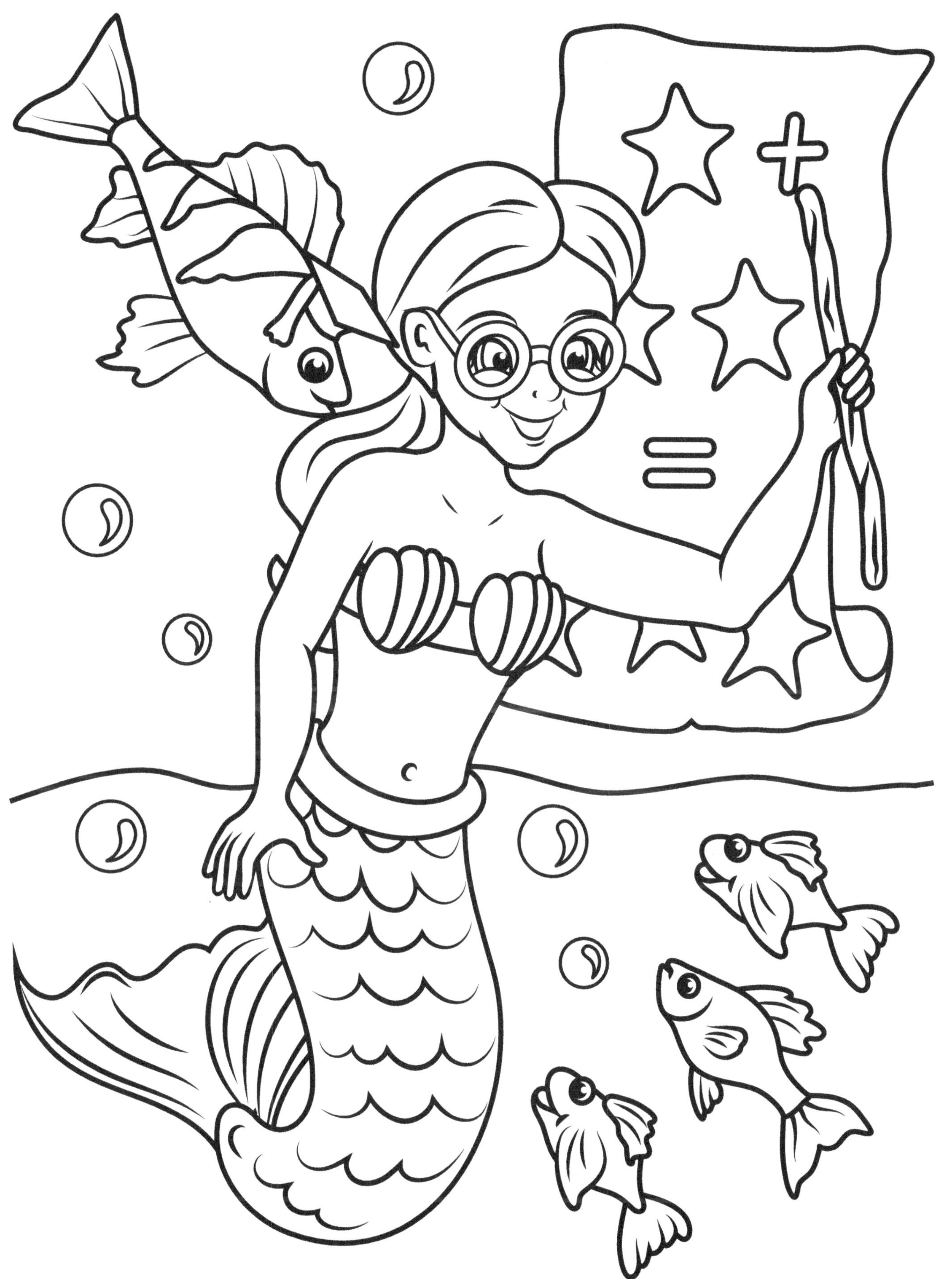

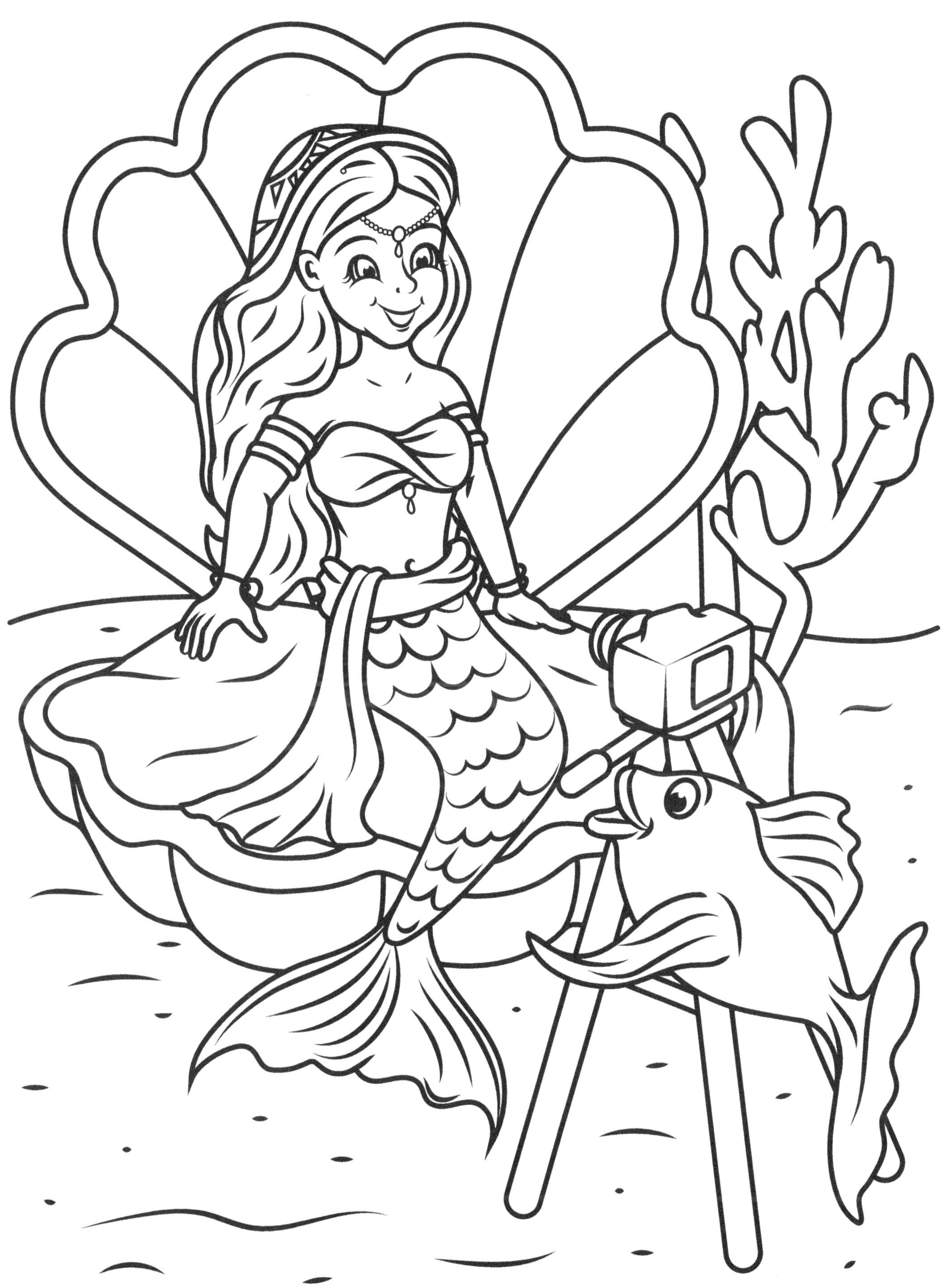

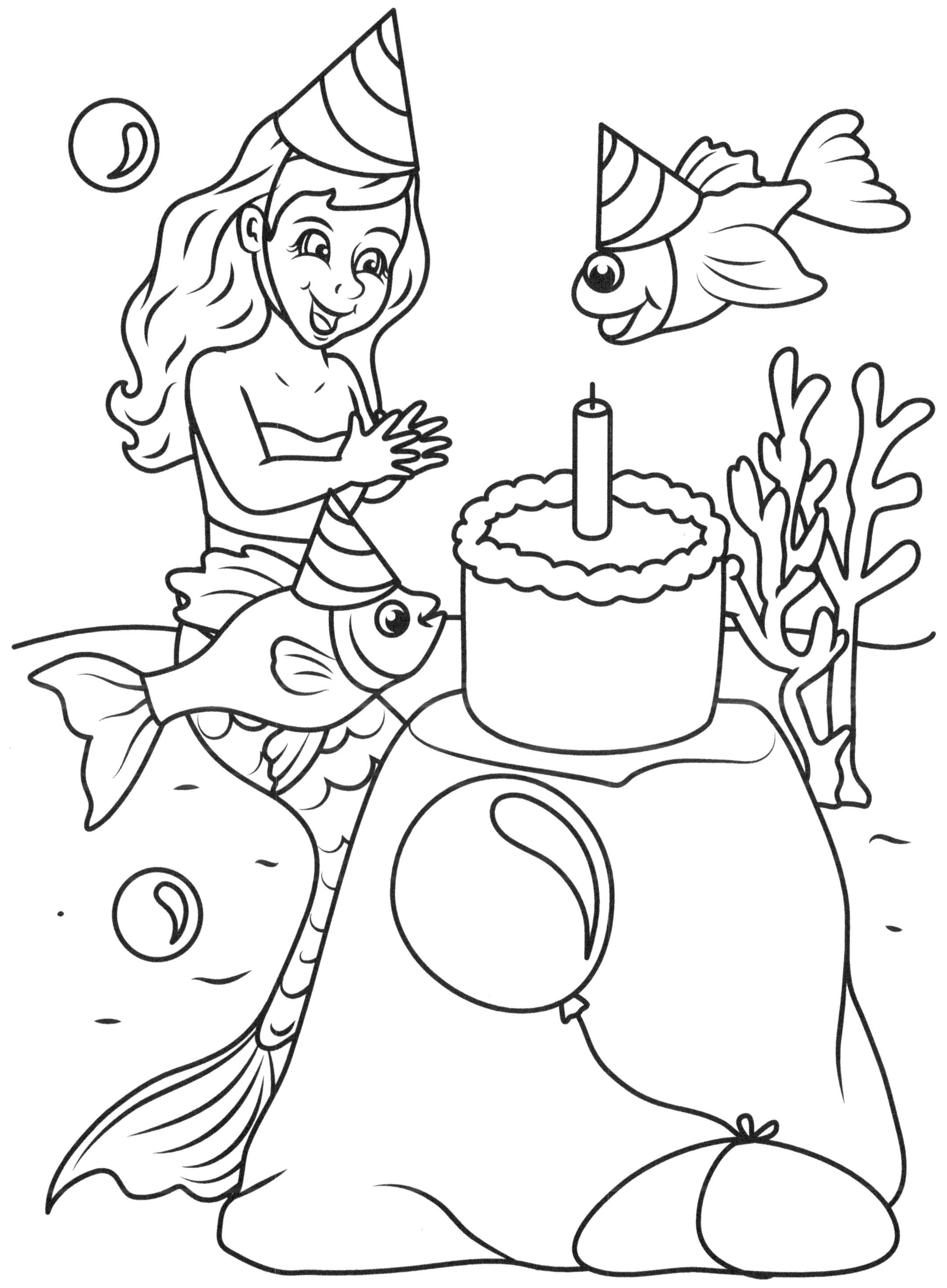

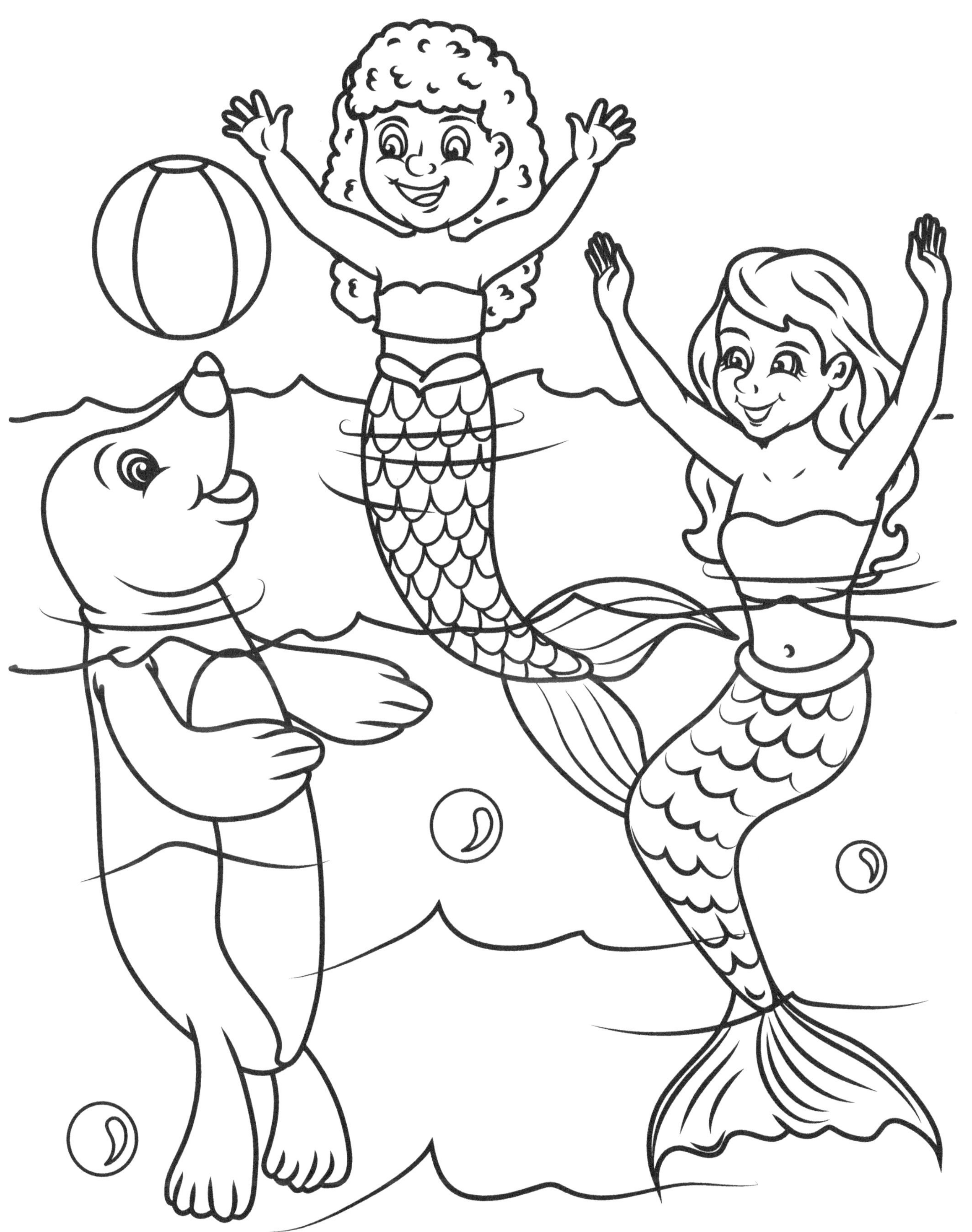

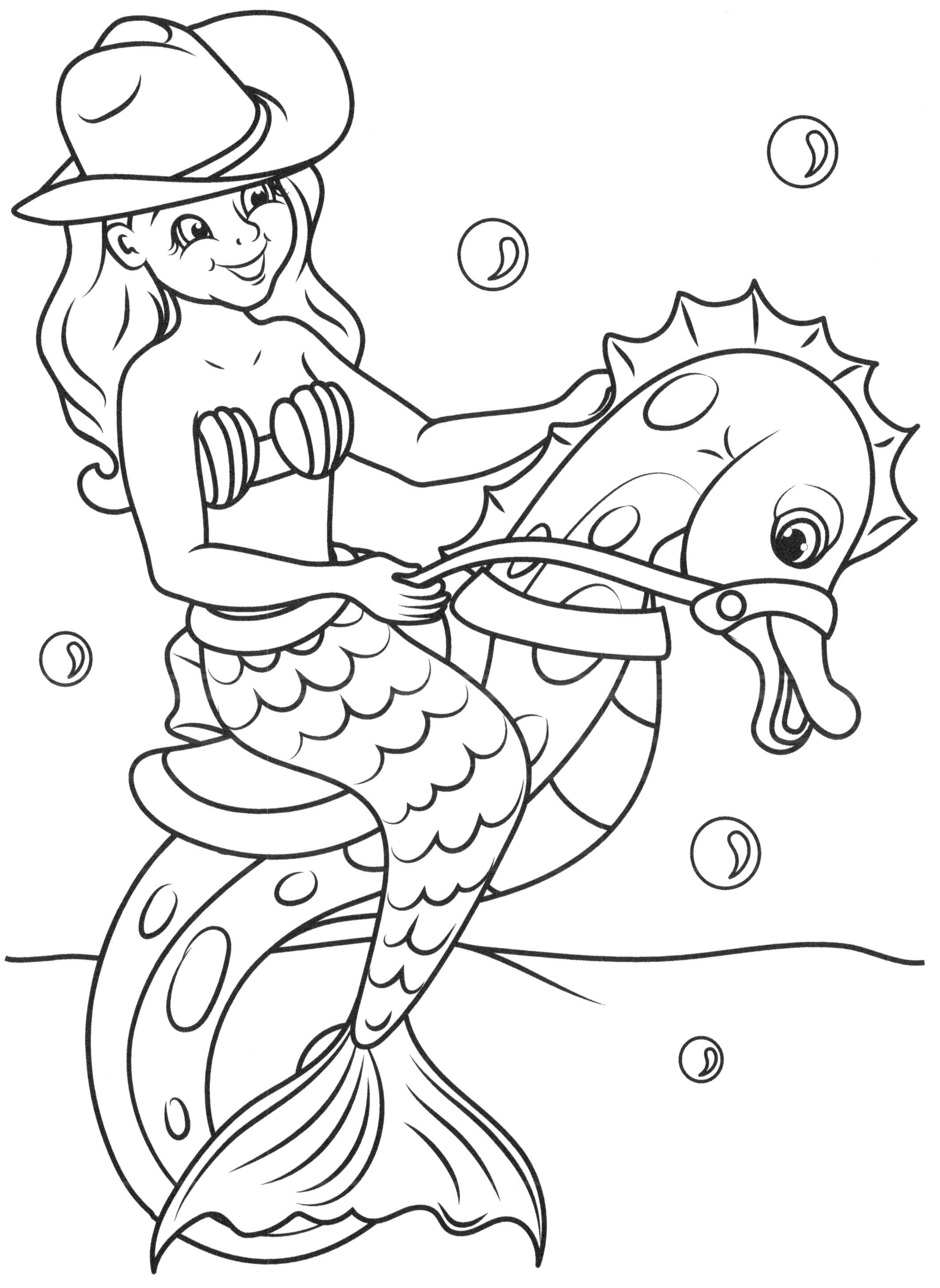

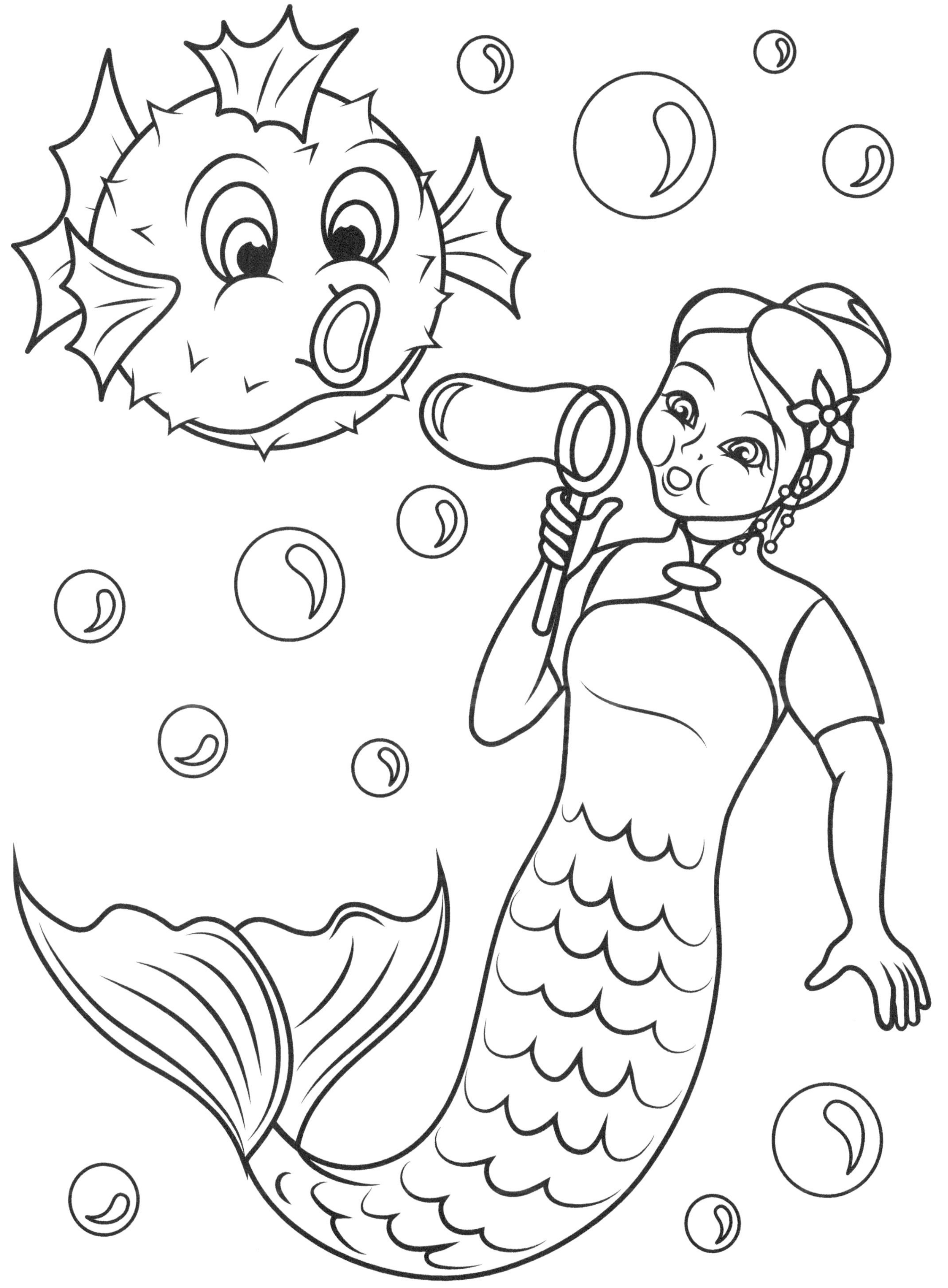

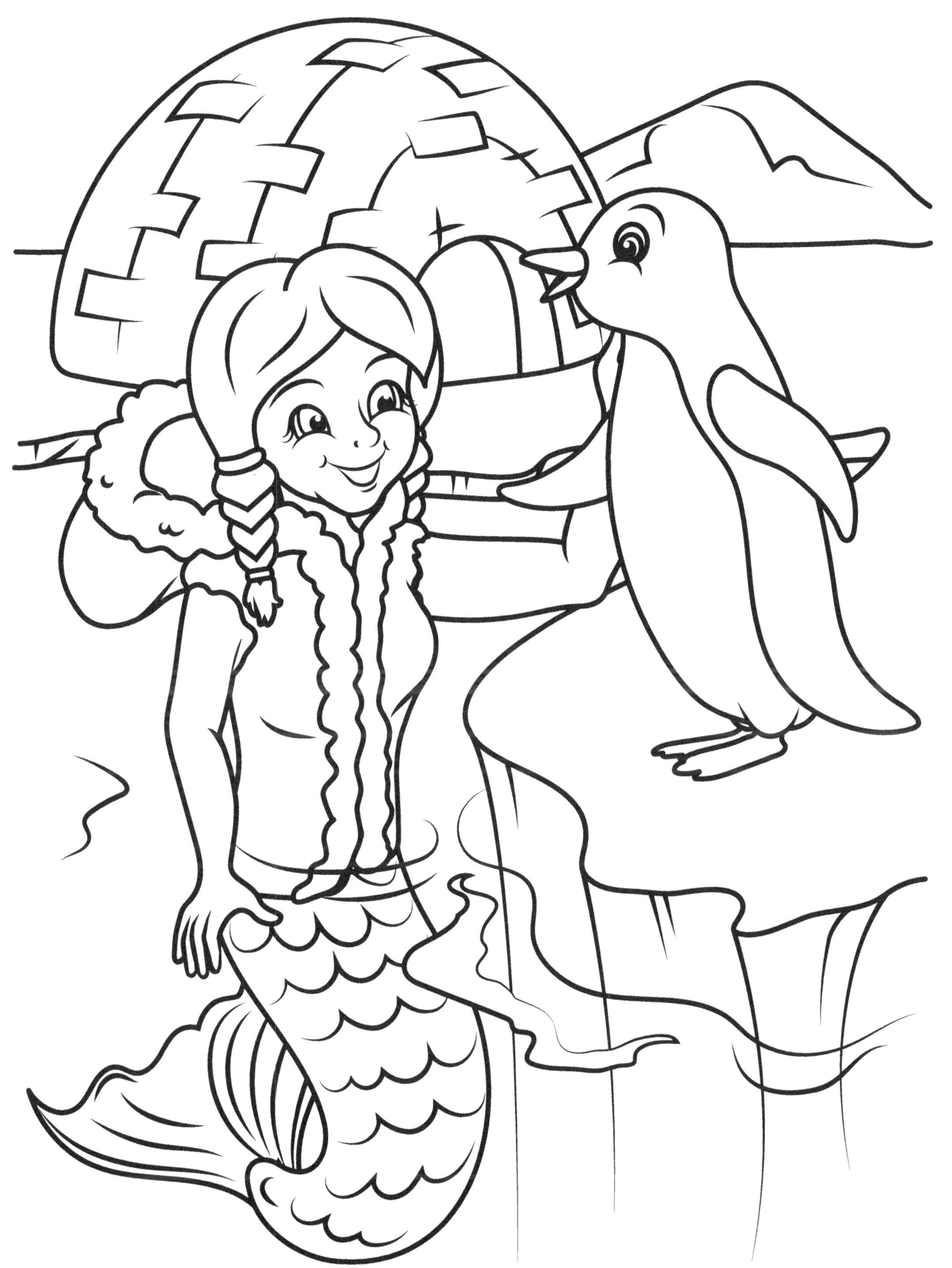

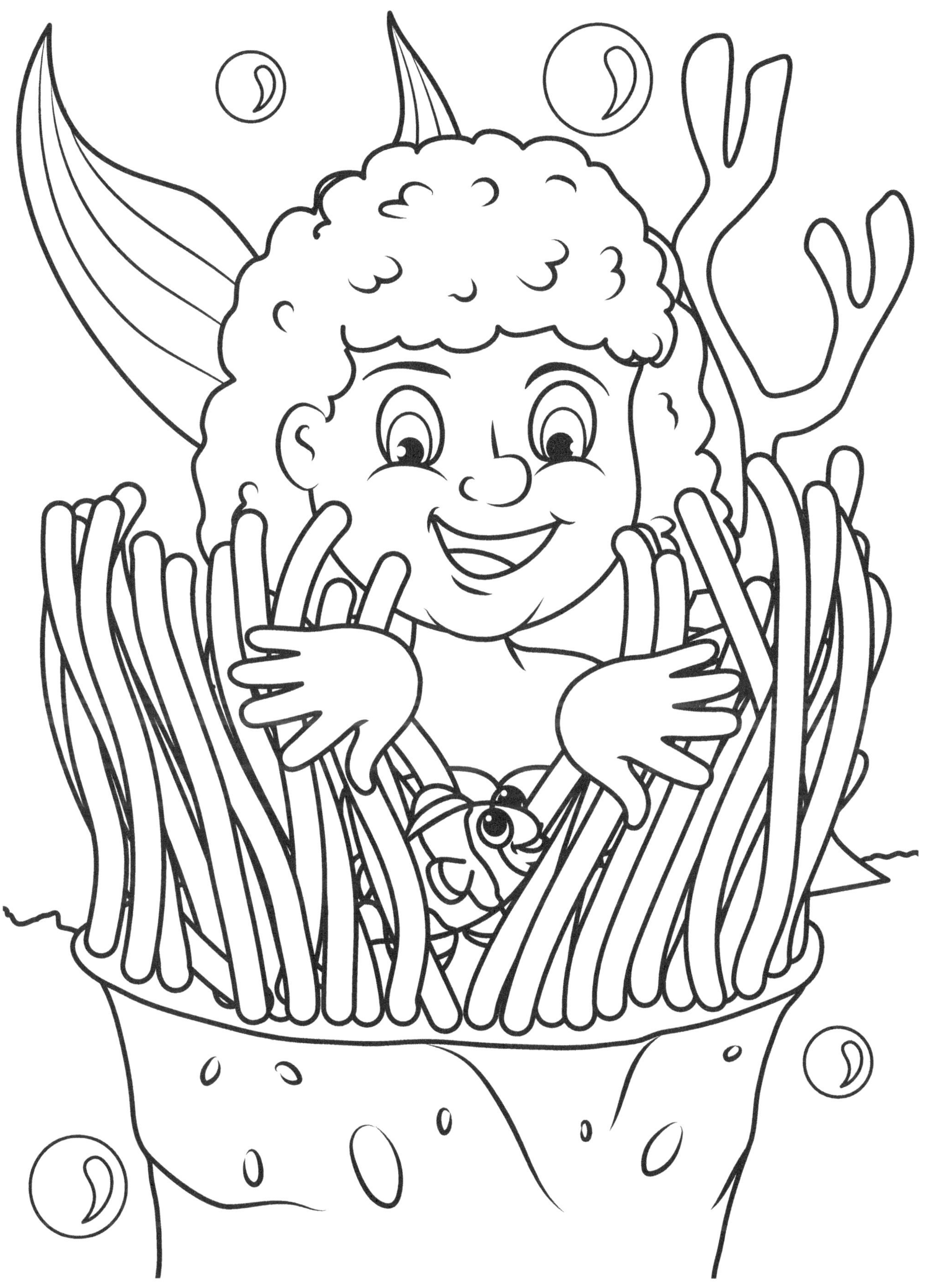

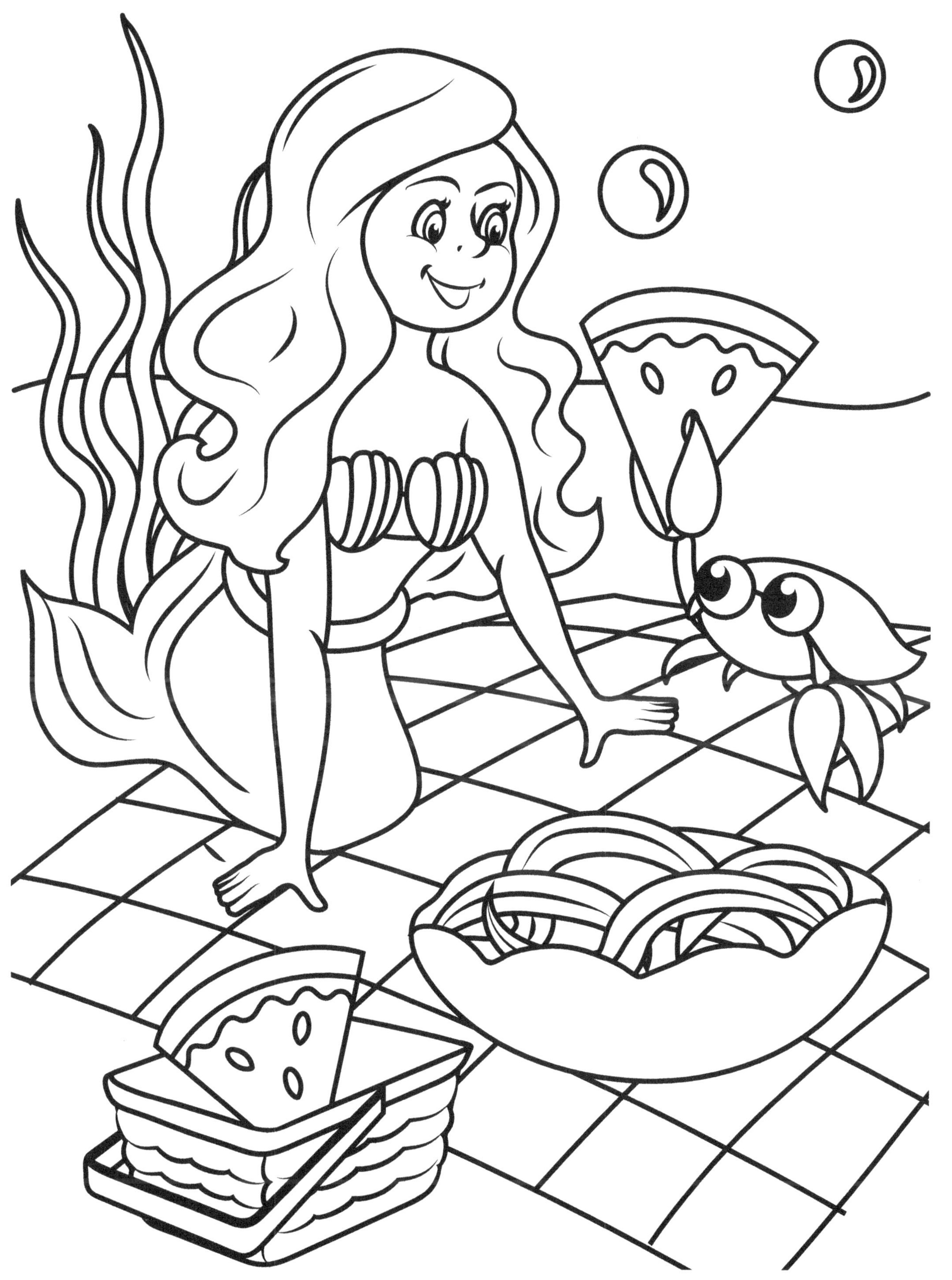

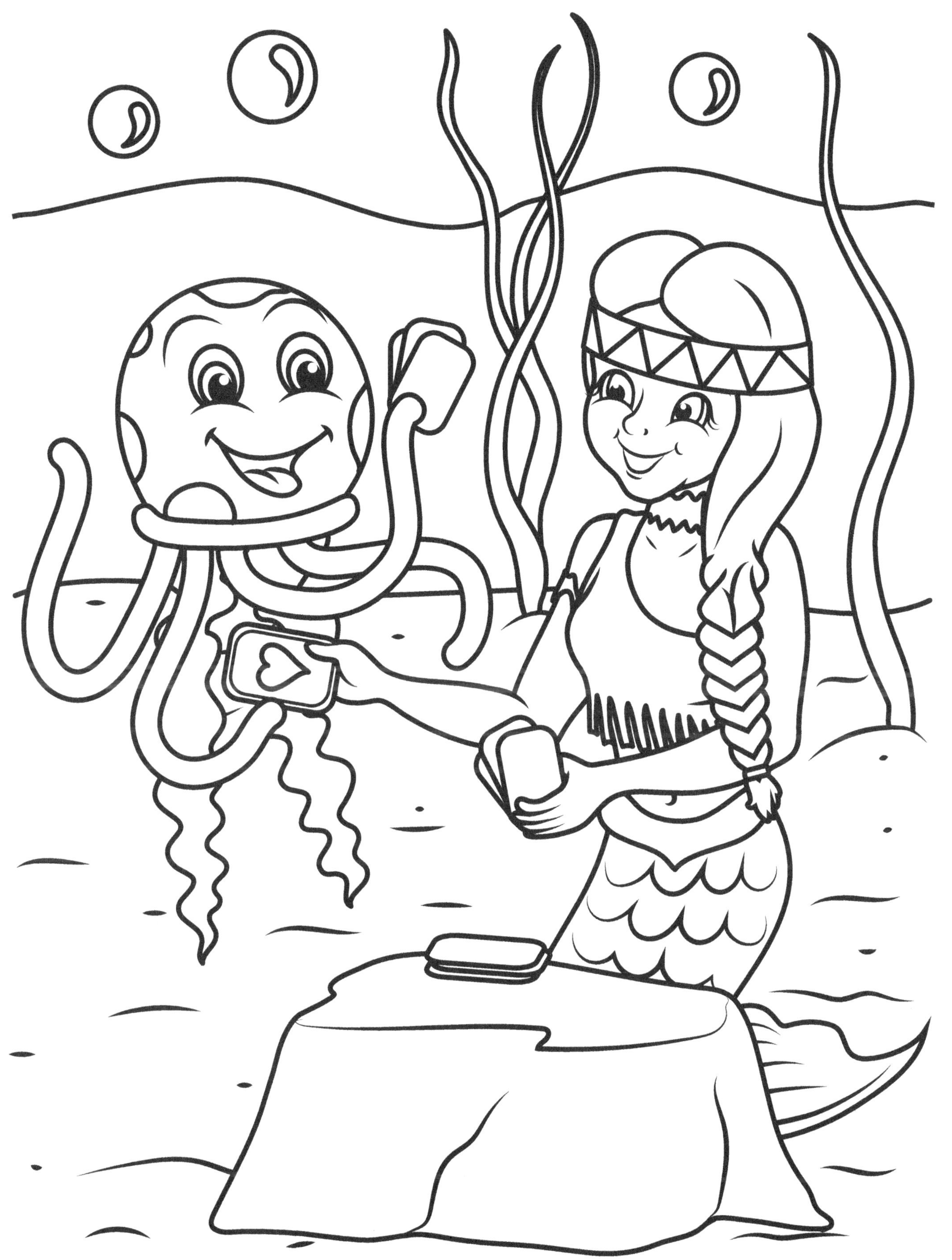

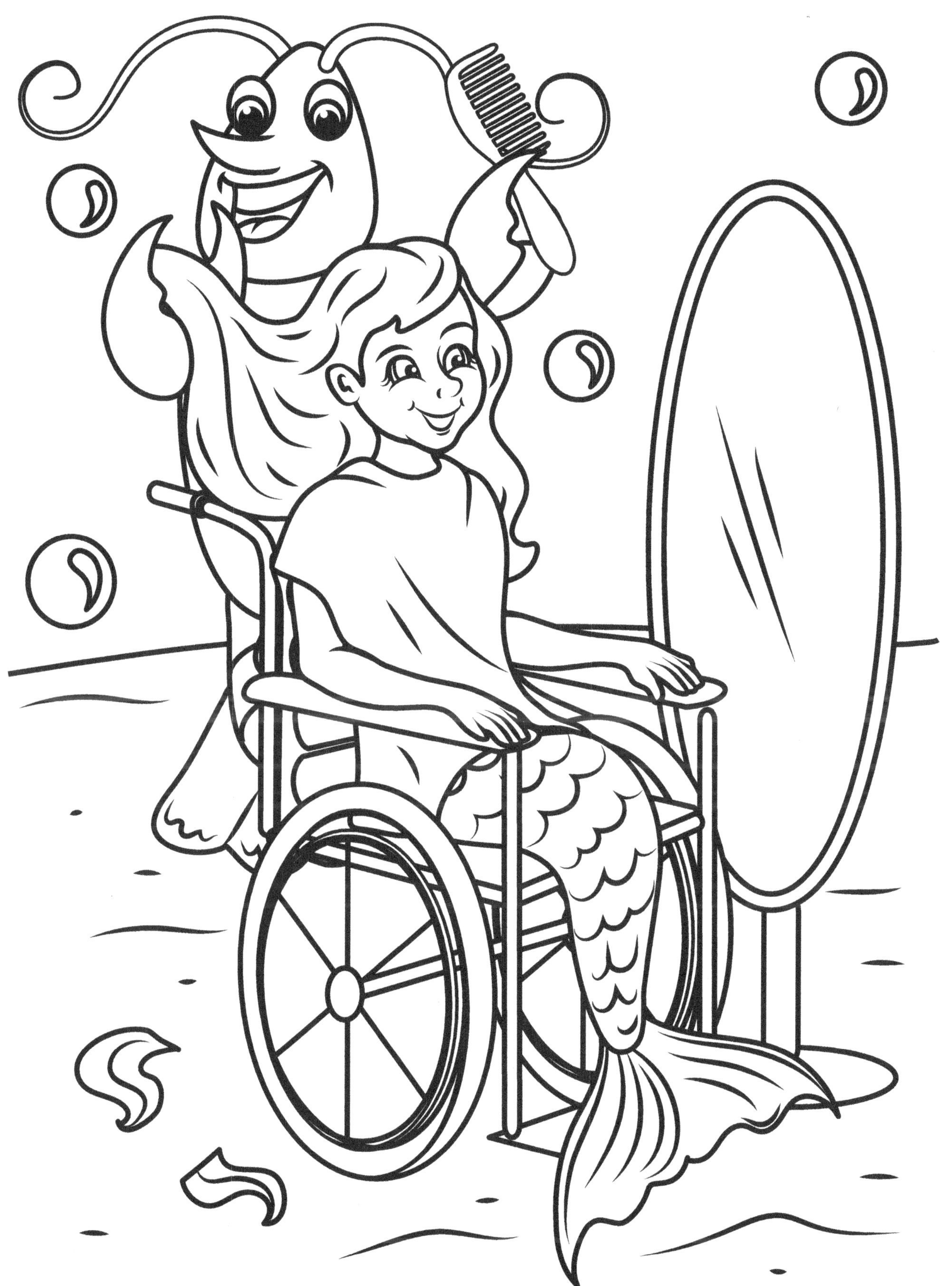

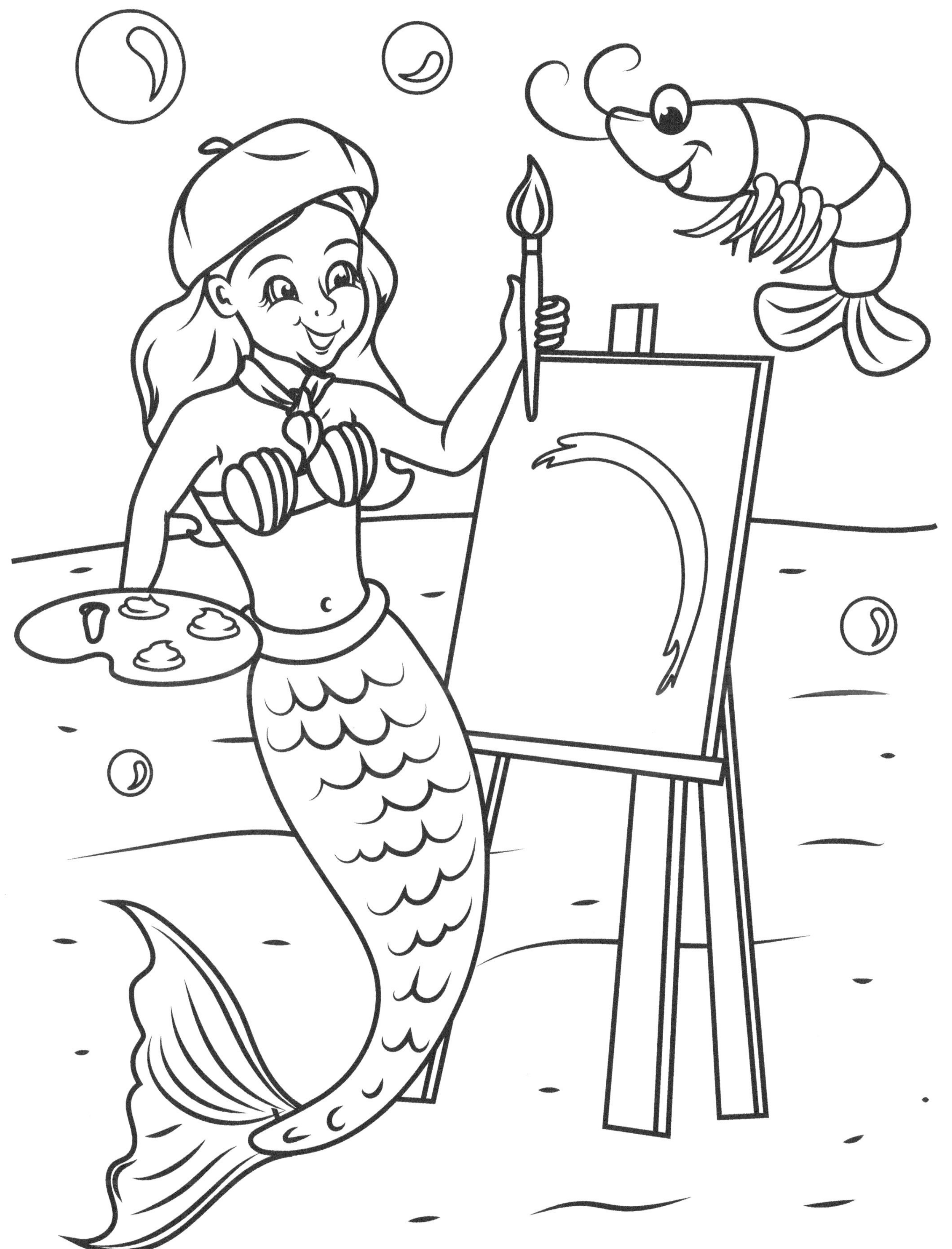

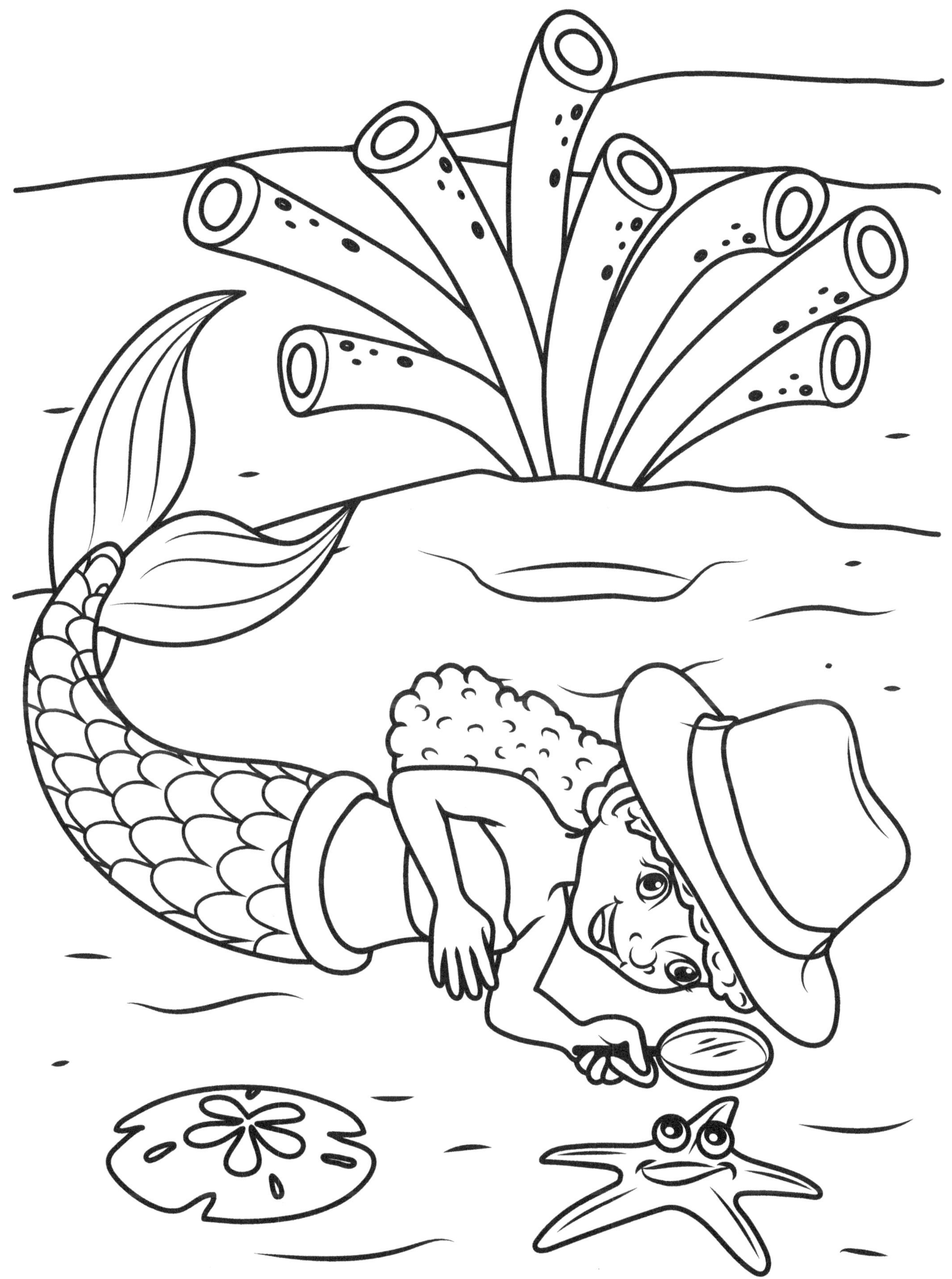

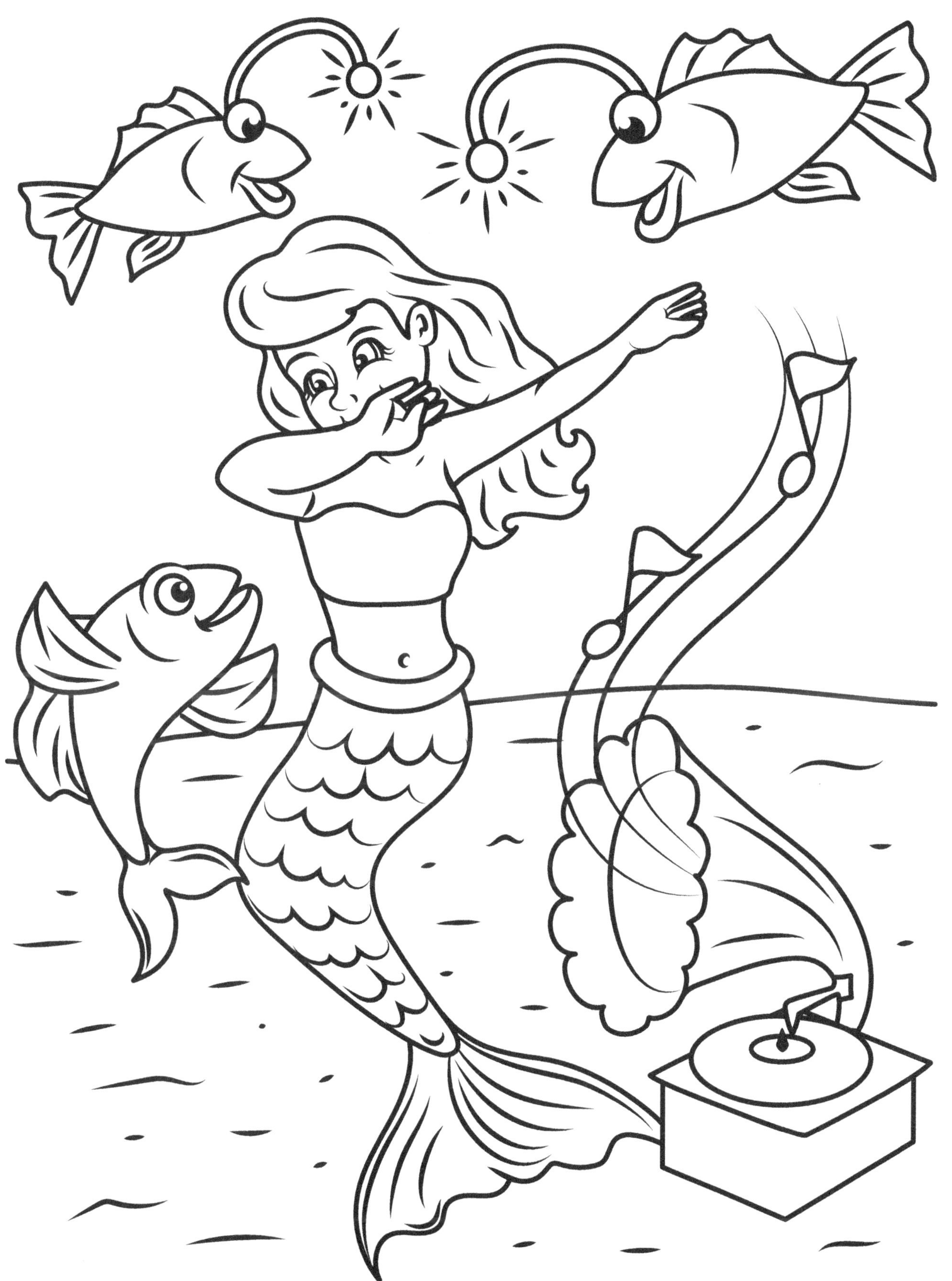

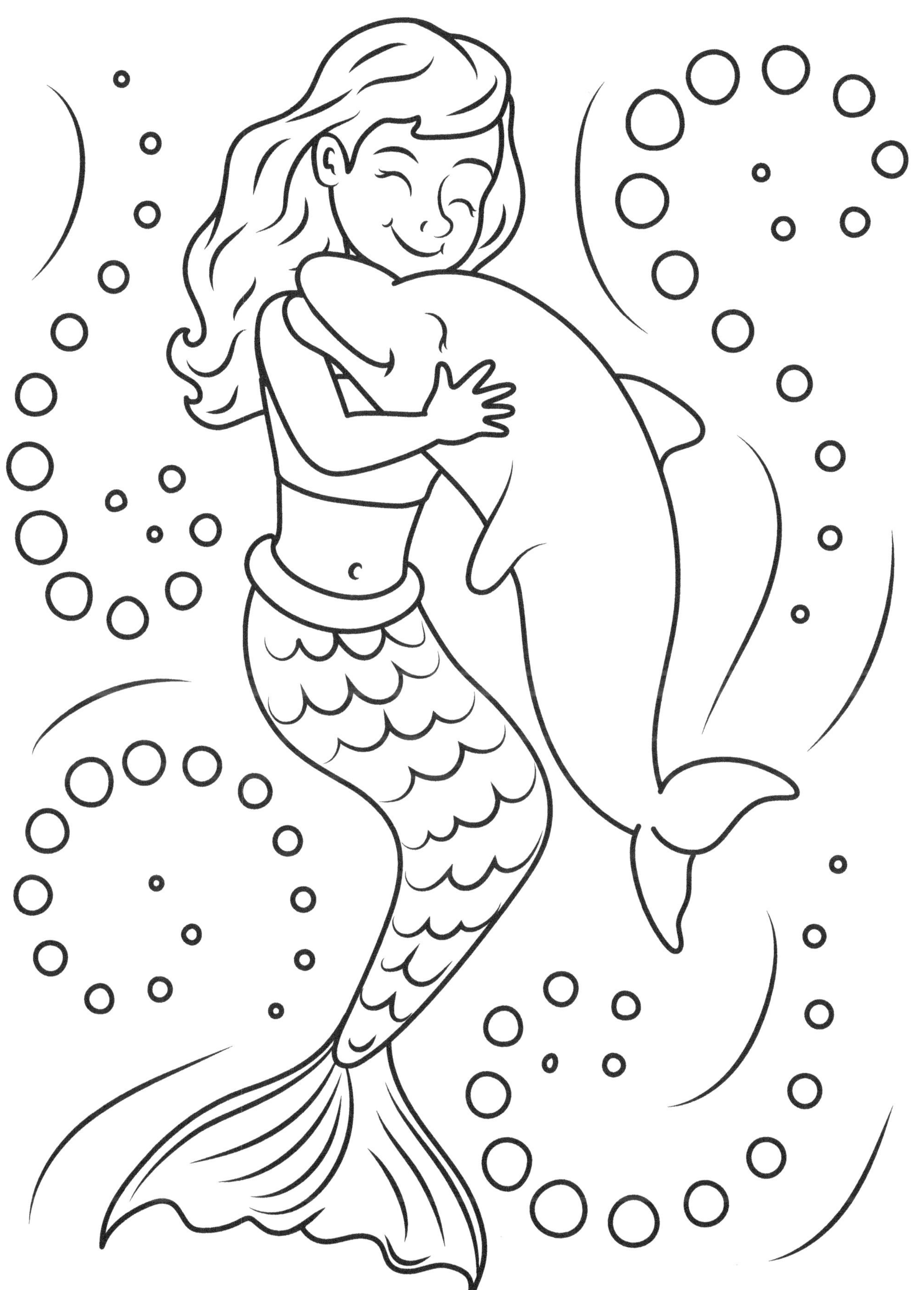

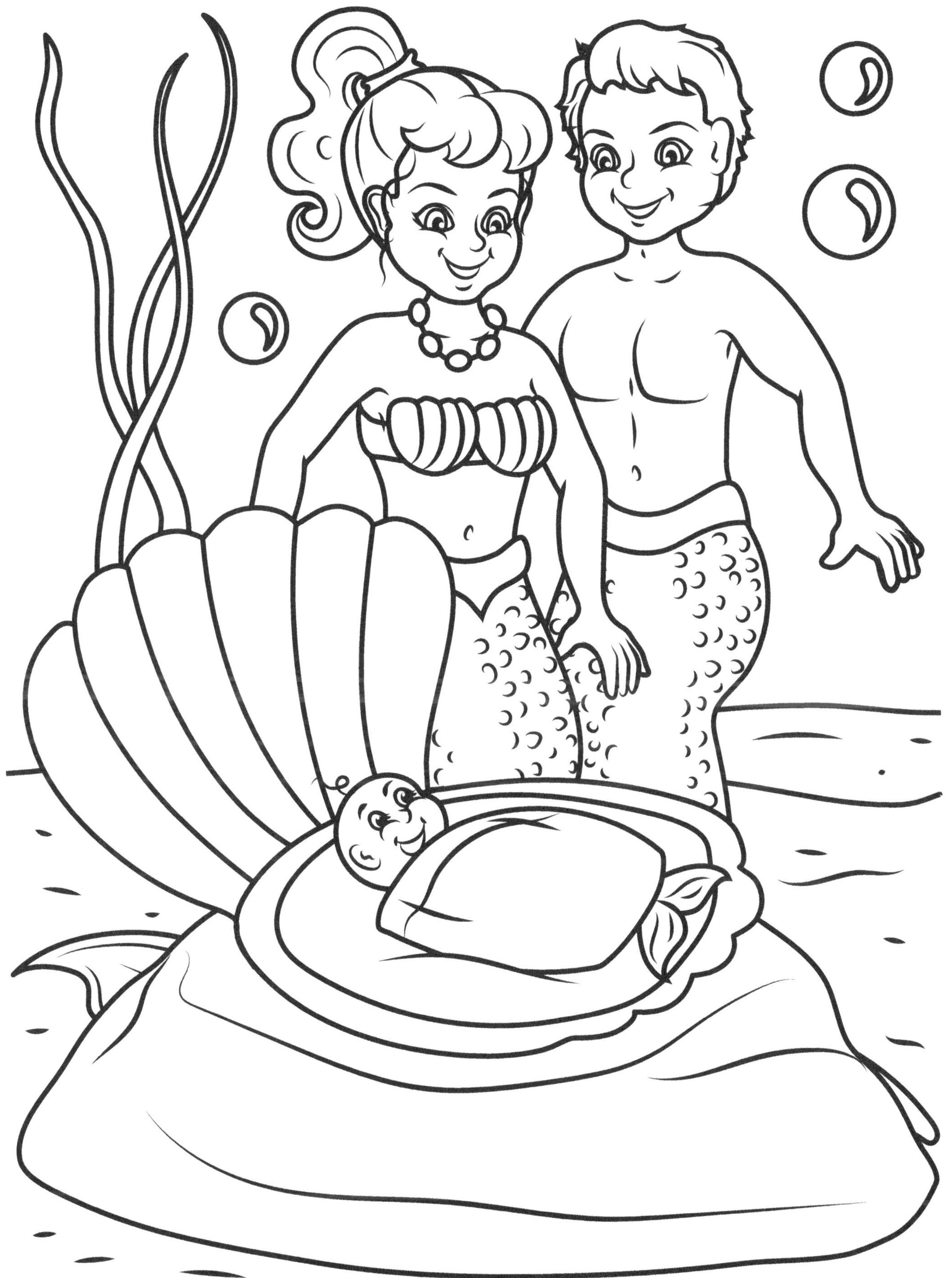

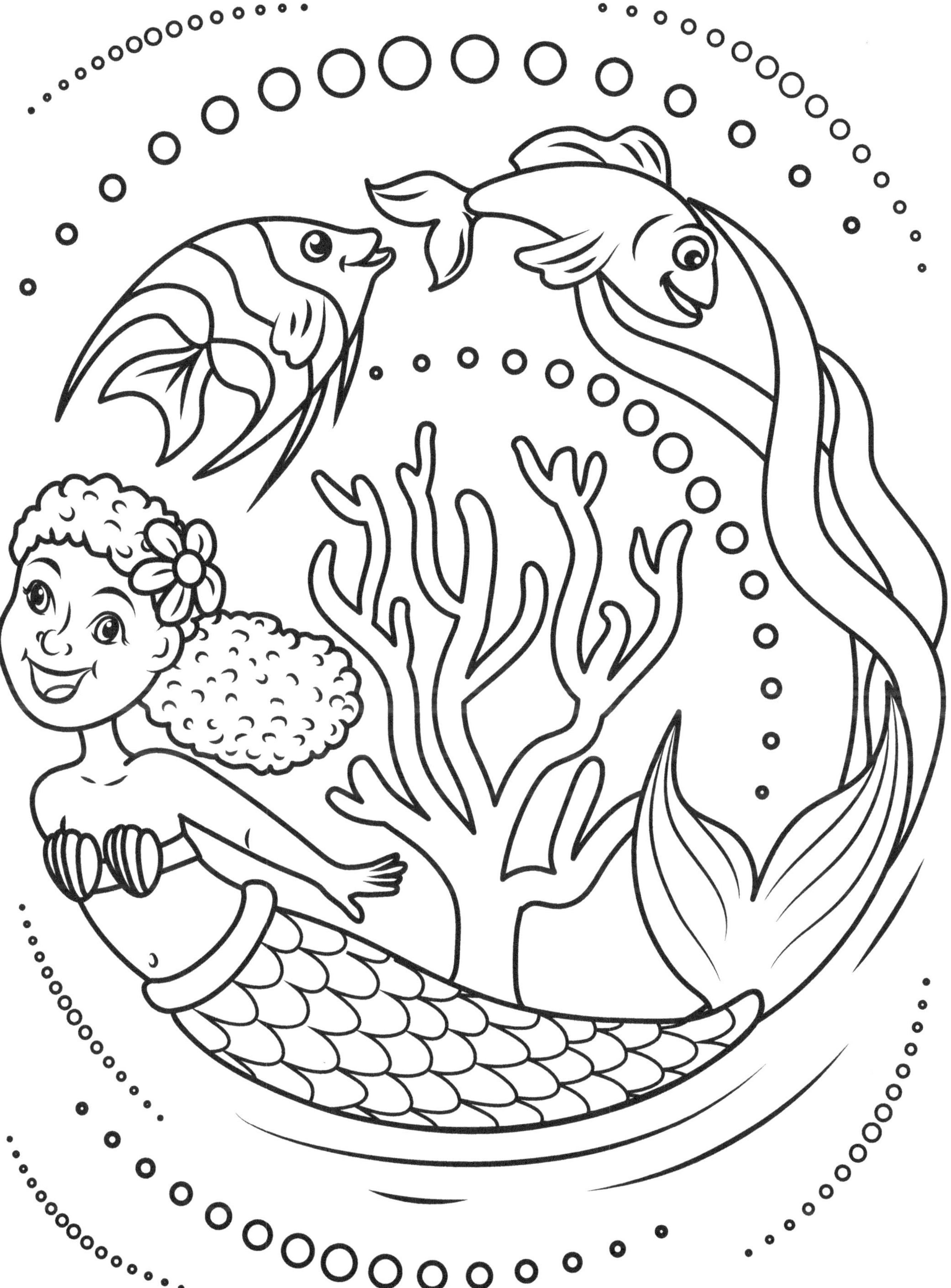

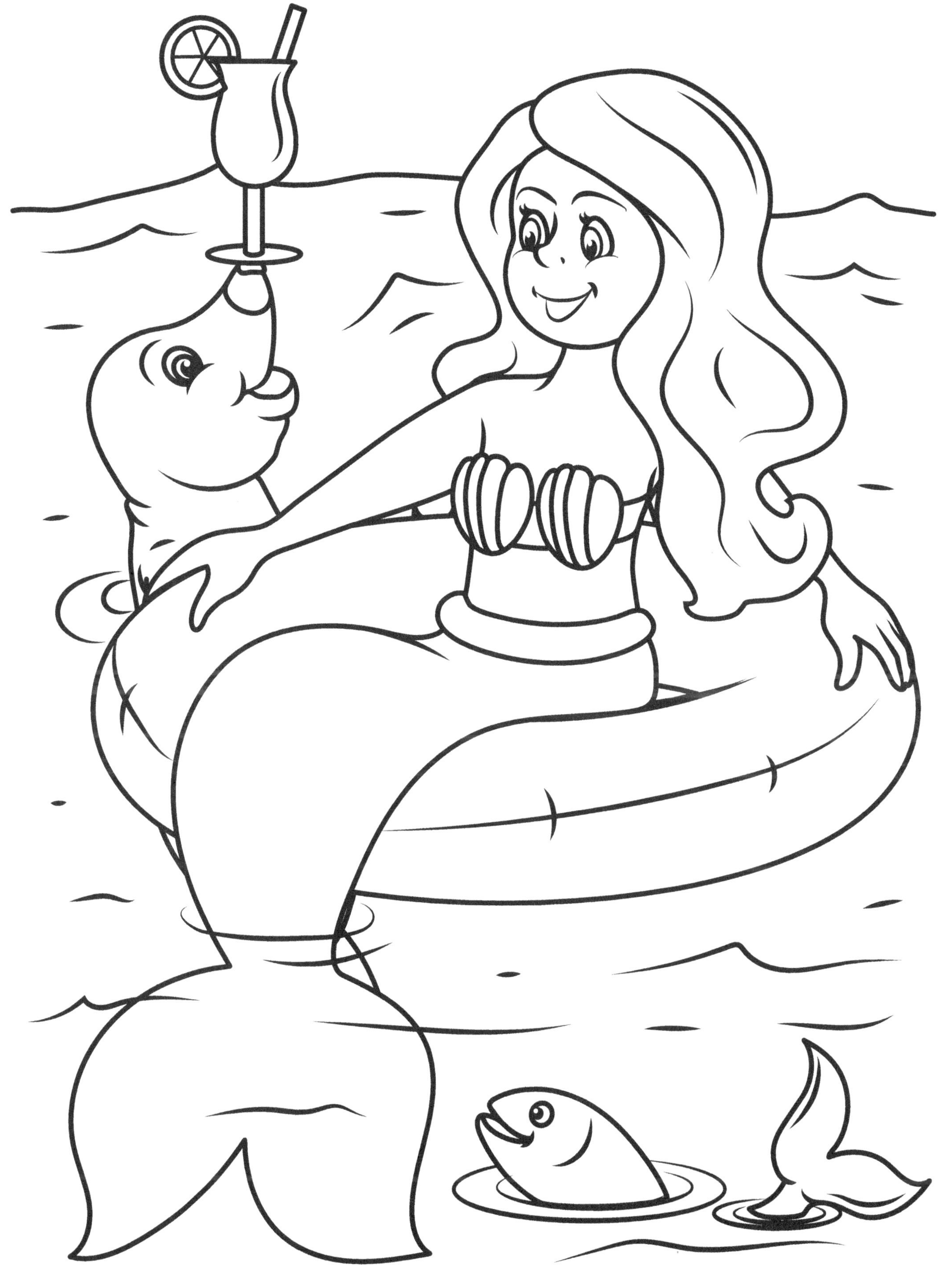

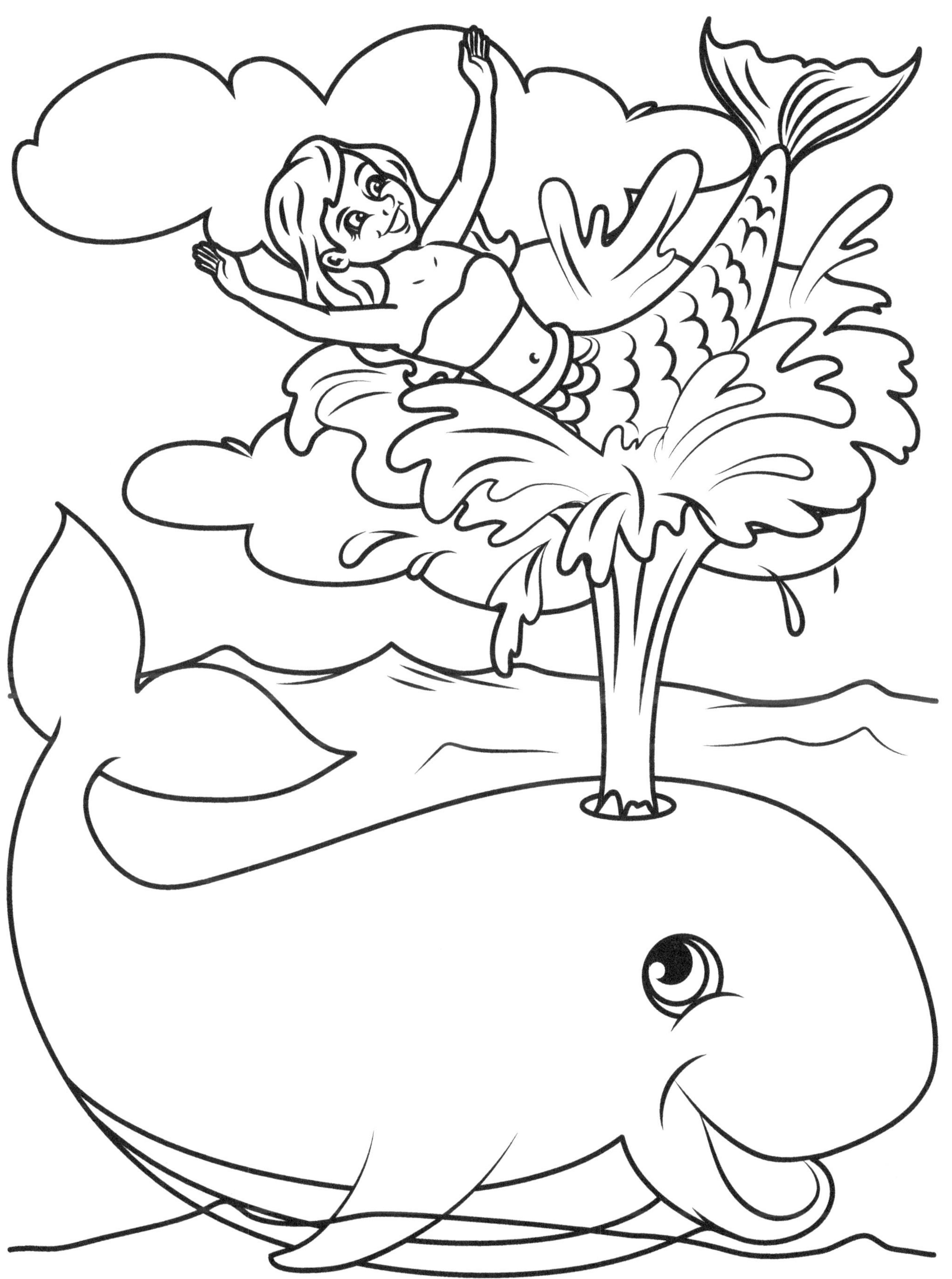

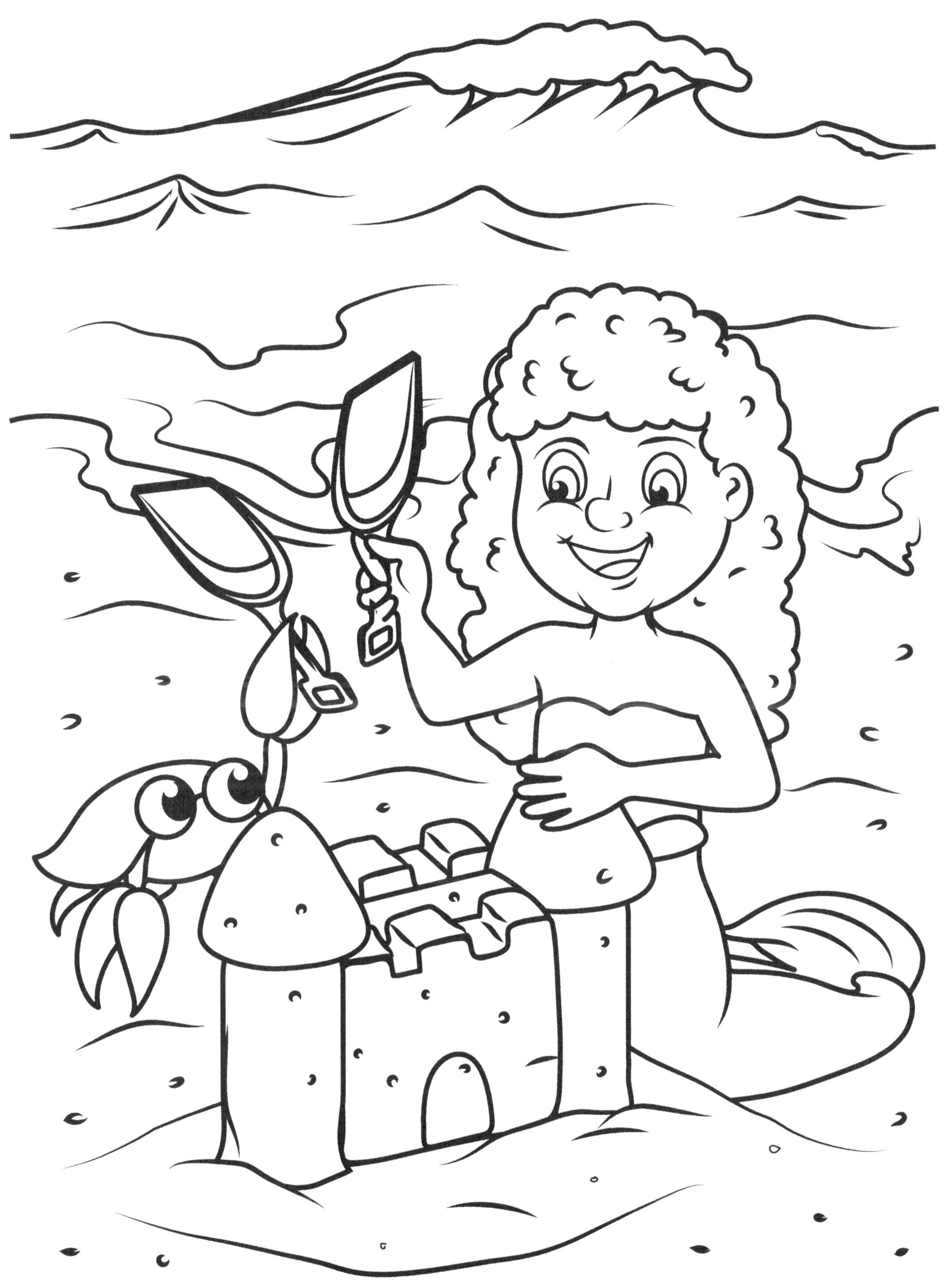

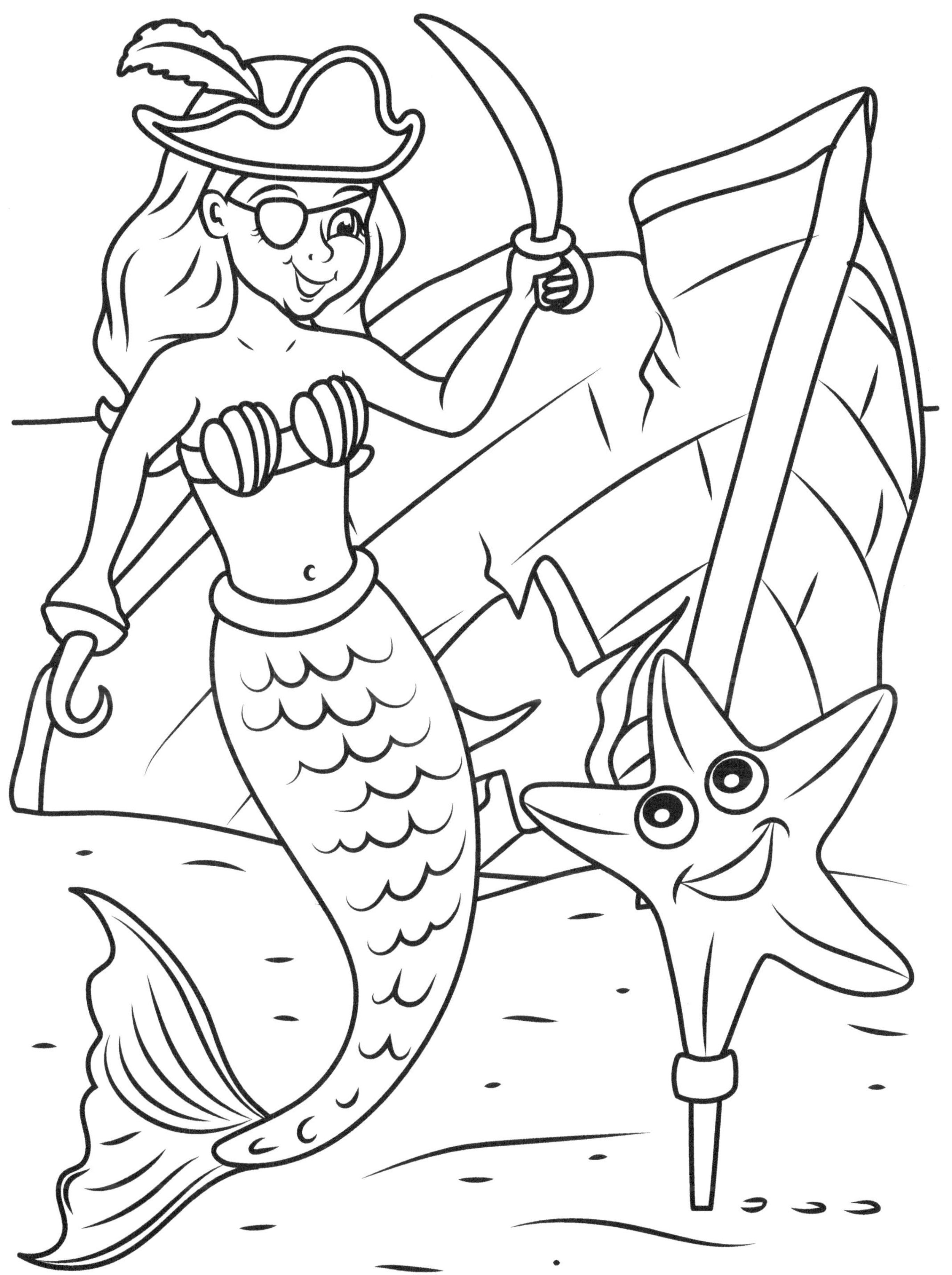

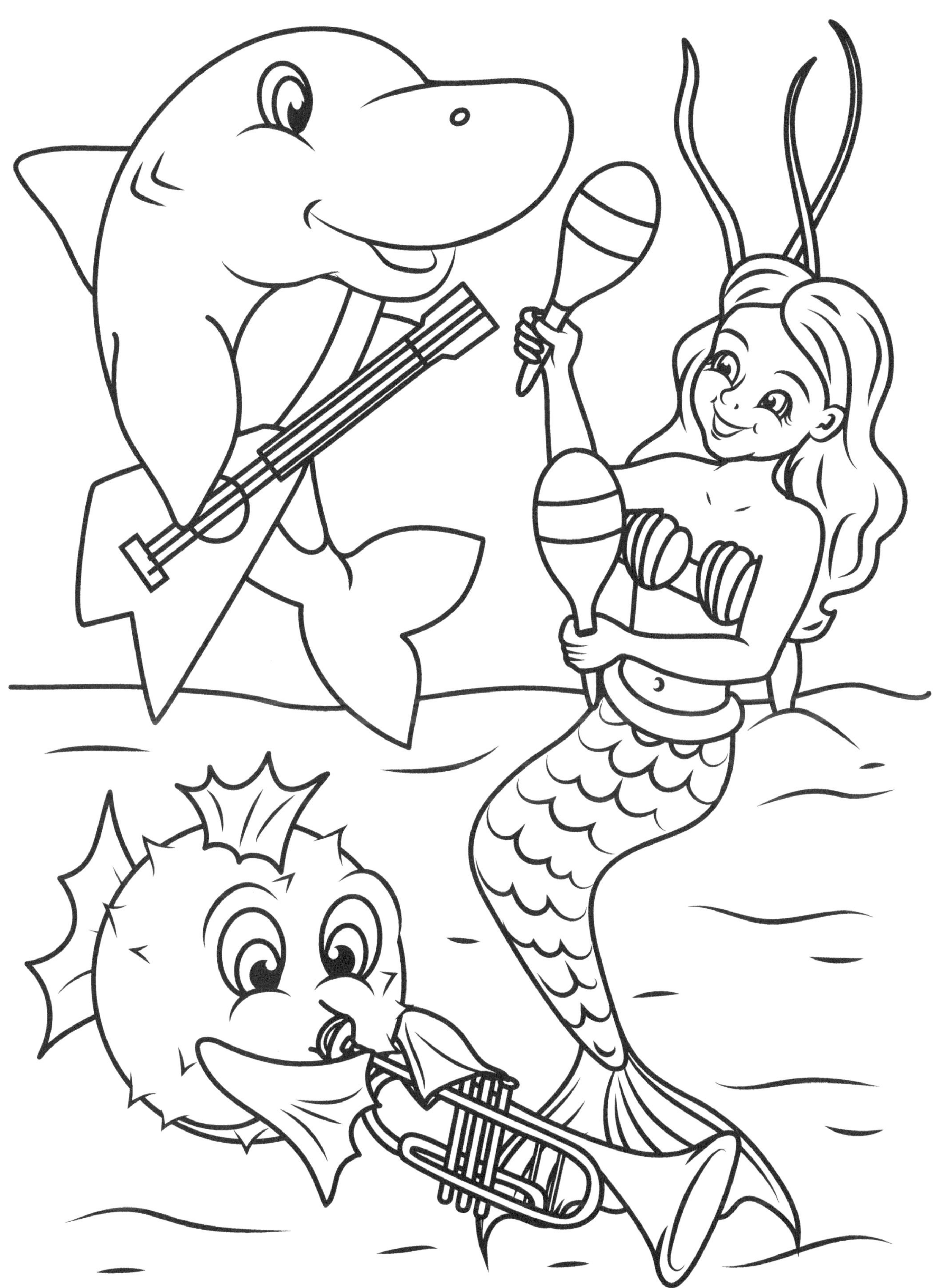

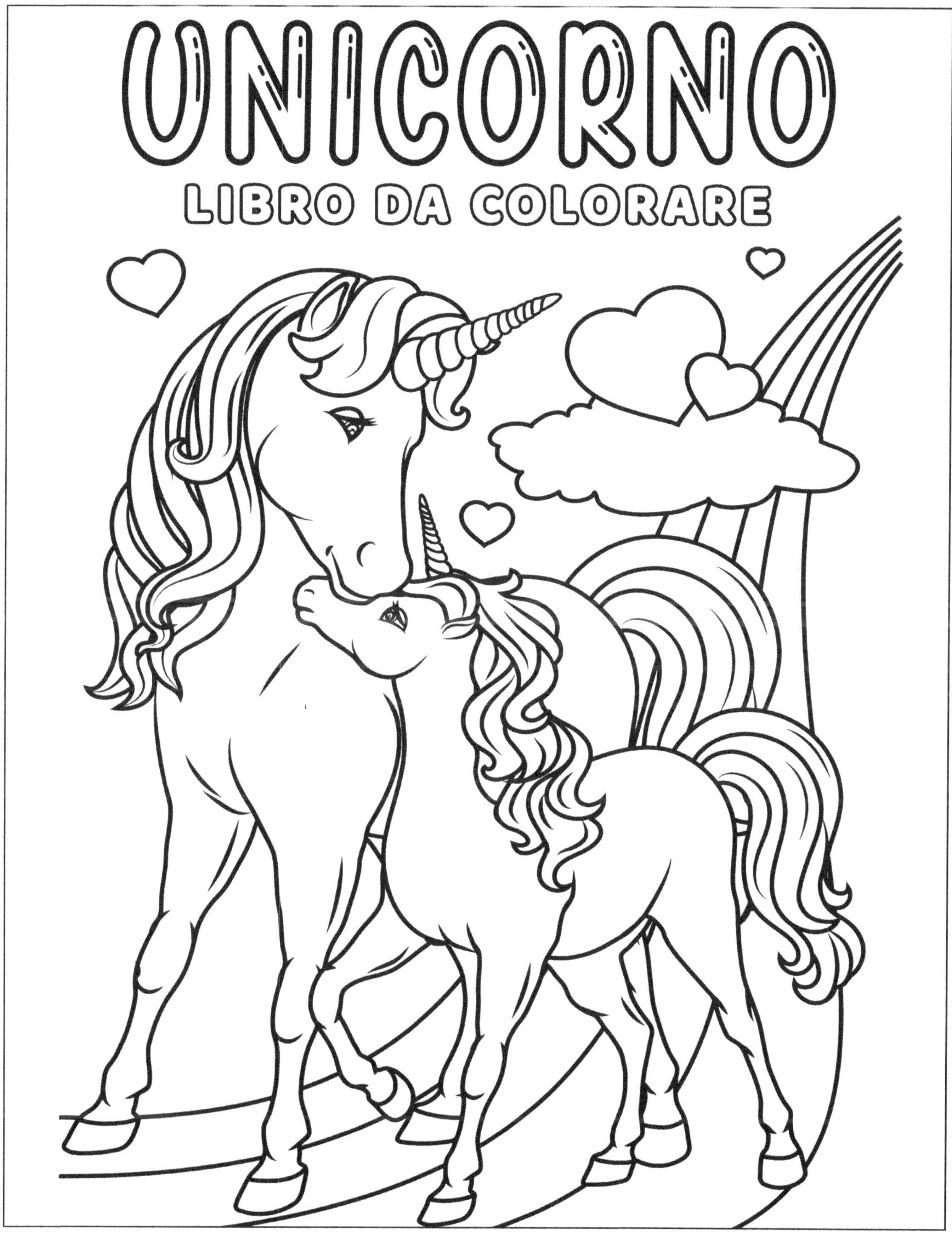
UNICORNO
LIBRO DA COLORARE

Made in the USA
Monee, IL
07 July 2026

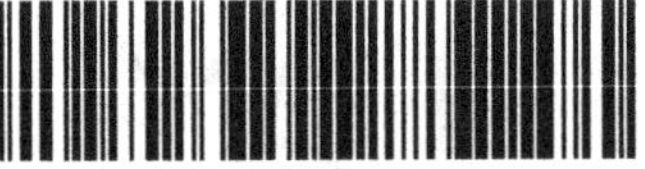